教師を育てる

大学教職課程の授業研究

阪神地区私立大学
教職課程研究連絡協議会 編

ナカニシヤ出版

はじめに

　本書は阪神教協の課題研究会などで各執筆者がこれまで行ってきた教職課程の授業実践交流の報告をもとに，加筆修正を行って教職課程の授業実践研究として示したものである。

　阪神教協とは，阪神地区私立大学教職課程研究連絡協議会（以下阪神教協）の略称で，大阪，兵庫，奈良，三重の教職課程を持つ私立大学の研究連絡協議会である。現在60数大学が加盟しており，教職課程にかかわる情報交換をしたり，課題研究会を開いたりしている。

　これまで阪神教協では，教職課程の授業改善を目指して，年数回開かれる課題研究会や私立大学教職課程研究連絡協議会の全国組織である全国私立大学教職課程研究連絡協議会（略称全私教協）の研究大会において授業実践交流を行ってきた。

　それら授業実践交流において，発表者である各教員がそれぞれ教職課程の授業を通して学生たちの教員としての資質能力を高めるべくさまざまな工夫を行っていることが報告され，授業改善のために非常に有意義な情報を交換することができた。本書は，それらの情報をより多くの者が共有できるようにという意図で出版されたものである。

　そもそも教職課程の授業実践交流を行おうとした理由は，大学で行う教職課程の授業に何ができるのかという問題意識がその根本にあった。1997年度に答申された教育職員養成審議会第1次答申では，大学の教職課程で実践的な指導力，すなわち採用当初から学級や教科を担任しつつ，教科指導，生徒指導等の職務を著しい支障が生じることなく実践できる最小限必要な資質能力を身に付けさせることが要請された。それに対して，それでは実践的指導力とは何なのか，どうやったら身につくのか，教職課程の授業は何ができるのか，何ができないのかという問題意識を持ち，教職課程の授業が実際どのように行われているのかを交流しようと考えたのである。単純に他の教員がどんな目的，目標で，

どんな授業（の工夫）をしているのかを情報交換する意図も含まれていた。自主的なファカルティディベロップメント（FD）の試みであったとも言えよう。

　継続的な研究発表を行った結果，それぞれの教員が限られた時間と条件の中で，学生の教員としての資質能力の土台づくりを行うべく，さまざまな授業実践の工夫を行っていることが明らかになり，それらの情報をより共有したいと考え，今回の出版となった。これまで小学校や中学校，高等学校の授業実践の記録は多く出版されているが，大学の授業実践の書籍は数少なく，さらに教職課程の授業実践の書籍はほとんどない中で，出版する価値があると考えた。

　今回の出版では，普段の教職課程の授業において，どのような意図で，どのような授業を行っているのかを示そうと考えた。また読んだ人たちが自分の授業の中で取り入れられるような，授業のちょっとした工夫についてもできるだけ書くようにした。

　本書を読んで，大学の教職課程の授業がどのようにあるべきかを考えるきっかけにしてもらってもよいし，本書で示されたちょっとした工夫を取り入れてもらっても大いに歓迎である。教職課程に限らず，大学授業を理論的に考えるヒントにしてもらってもかまわない。授業実践はいつでも誰でもそうなのだろうが，執筆者たちも今やっていることに確信があるわけではなく，試行錯誤の中での実践で，迷いながら，悩みながら日々格闘している。忌憚のないご意見がいただけたらと思っている。

　（なお，本書は阪神教協の助成を受けて出版された。）

編集担当を代表して　杉浦　健

目　次

はじめに　i

1　時代を拓いた教師たちの生き方から学ぶ ……………………1
　1．講義担当者としての願い　1
　2．教育学の世界―ブレイン・ストーミングで診断的評価―　2
　3．教職総合ゼミナール―「ひとりみがき」と「わけあい・みがきあい」の往還　3
　4．教職論の学習記録の工夫　7
　5．時代を拓いた教師たちから学ぶ―東井義雄を中心に―　9
　6．おわりに　14

2　学生相互の学びあいをめざして ……………………………17
　1．大学生とリテラシー　17
　2．大学生に求められるスキル　18
　3．授業での工夫　20
　4．授業の評価と教員評価　28

3　授業力を育てる教科教育法―高等学校情報科教育法― ……31
　1．情報科教育法の授業設計と主な授業内容　32
　2．レポート　36
　3．授業内試験　37
　4．学習指導案　40
　5．模擬授業　43

4 授業力を育てる教科教育法―中学校社会科教育法― ………47
1．学習指導要領と社会科教育法　47
2．社会科教育法受講生の実情　50
3．地理的分野での実践例　51
4．公民的分野の実践例　57

5 授業力を育てる教科教育法―小学校国語科指導法― ………61
1．はじめに　61
2．現状の教科書での「俳句・短歌」の取り扱いの状況　62
3．短歌・俳句の概説の仕方の違いについて　64
4．「取り上げられている短歌」について　66
5．俳句について　68
6．短歌や俳句を取り入れた具体的な指導の方法　70

6 人生（教育）から問われて生きる実践へ―「実践的」という常套句の陥穽を超えて― ……………………………………75
1．はじめに　75
2．「道徳の教育」から「教育の道徳（倫理）」へ　78
3．問いかけへの準備　80
4．問いかけと応答―「思慮」を発動させるために―　82
5．相互主観的な理解へ　86
6．人生（教育）から問われて生きる実践へ　88
7．おわりに　90

7 授業を創る力を育てる「教育課程・方法論」の実践 ………93
1．はじめに　93
2．課程方法論の目的と意図　93
3．課程方法論で強調していること　94
4．課程方法論の進め方　96

5．グループ活動にあたって　97
　　6．シナリオ型指導案　100
　　7．シナリオ型指導案作成にあたって　103
　　8．課程方法論の授業からわかること　105
　　9．課程方法論の限界　106
　　10．課程方法論の限界からの示唆　108

8　学校での学習に対する固定的イメージを問い直す「教育方法論」「教育課程論」の授業 …………………………………111
　　1．はじめに　111
　　2．既存の教科内容および教科区分の絶対視への取り組み　113
　　3．教科書の絶対視への取り組み　116
　　4．個的・受動的授業観への取り組み　120
　　5．おわりに　123

9　グループ活動を効果的に使った授業の紹介と考察 …………125
　　1．学生自治の歴史的研究と授業へのグループ活動　125
　　2．「教育課程・方法論Ⅰ」実践報告の概要　126
　　3．当日の質疑を手がかりにした考察　132

10　学生による授業評価と授業改善―「教育方法学」とともに10年の歩み― …………………………………139
　　1．はじめに　139
　　2．コンピュータ教材提示システムとコンピュータ実習の導入効果　142
　　3．3種類の着席方式と授業改善の試み　146
　　4．教職志向との関係　152
　　5．学生による授業評価の活用　153

索　引　155

時代を拓いた教師たちの生き方から学ぶ

川地亜弥子

1．講義担当者としての願い

　新学期，新しい教職課程生に出会ったとき，必ず次の問いを投げかける。
　「あなたはなぜ教職課程を履修するのですか？」
　「10年後のあなたは，何をしていると思いますか？」
　この問いに対して，学生はさまざまな回答を寄せる。「教師になりたいから。10年後はぜひ教師として子どもと一緒に頑張っていたい」「教員免許がとれると聞いたので，とりあえず履修しました。10年後はわかりません」「教師になるかどうかわからないけれど，子どもと関わる仕事がしたいので履修しました。10年後は結婚して，家庭を持っていたい。仕事はなりゆきで……」「親に教員免許をとれと言われたので。10年後はわからない」など，多様である。
　私は，学生の回答を聞いたあと，次のように答えている。「絶対に教師になる，という決意がなくても，教職課程を履修してもらって構いません。受講しながら，自分は本当に教師になりたいのか，子どもと向きあって努力し続ける覚悟があるのか，考えてみて下さい。10年後，20年後に，自分の授業を受けた子どもたちが，どんな大人になり，どんな生き方をするのか考えながら，子どもと関わって下さい。自分の10年後でさえ考えられないのに……と思う人もいるかもしれません。しかし，教師になるということは，子どもの将来に責任をもつということです。教育実習でも，このことは忘れないように。この1時間をうまく乗り切れたらいい，というような姿勢で授業を計画してはいけませ

ん。子どもと真剣に向きあう覚悟のある人しか，教育実習に行けませんので，実習申し込みまでによく考えておいてください」。

学生に話すことばは，そのまま私たち大学教員の指導を問うことばとなる。教育実習や，教員採用試験をうまく乗り切ることができればいい，という乱暴な指導になっていないか。教師として歩む道筋を想定しているか。学生が教師となり，困難にぶつかったときに，それを乗り越えるエネルギーが生まれてくるような講義をしているか。多くの教職課程科目担当者は，日々，自らの授業にこの問いを投げかけていることだろう。

以下，未熟な実践ではあるが，授業の導入，展開の工夫や，学生の学習記録の書かせ方，様式などについて紹介したい。また，後半では，教師の生き方から学ぶ授業について，内容も含めて紹介していく。

2．教育学の世界—ブレイン・ストーミングで診断的評価—

私は，教育学の世界，教育原理，教職論，教育課程論などの講義を担当している。これらの科目は，主に教育の理念，歴史，制度，教育課程の意義および編成を学ぶために設置されており，それらをそのまま教えようとすると，子どもの姿や授業をイメージしにくい講義になってしまう。そのため，それらの具体的なイメージをもてるような工夫が必要になる。そこで，教育実習で使えるような指導方法を取り入れ，実践・人物を通じて学ばせるような講義を構想した。また，講義で使う教材や技術は，中学校・高校でも使えるようなものを意識して取り入れた。

教育学の世界は，多くの教職志望者が初めて受講する教職科目である。そのため，自らの教育経験や学校を多角的にとらえると同時に，多様な教育を知ってもらうことを目標にしている。自らの学ぶ動機を明確にしてもらうこと，受講生同士の人間関係をつくることを意識してグループワークを多く取り入れている。

初回のグループワークでよく使うものに，ブレイン・ストーミングがある。思いついたものを自由に述べる発想法の一つなので，学生にも取り組みやすい。ただし，うまく条件設定しないと盛り上がりに欠け，「楽しいけれど，何

を学んだのかよくわからない授業」になる。「今からいうテーマを聞いて，思いつくことを，2分間でできるだけたくさん出してください。目標は各グループ30個以上です」などと，ルールを明確に決めることがポイントである。短時間ででき，グループ間での競争心も働いて盛り上がる。1つ目のテーマは，いつも「『大阪電気通信大学』と聞いて思いつくこと」を使っている。大学に通っている以上，このテーマで何も思いつかない学生はいない上に，学生同士で共感できる回答が多い（食堂が混む，〇〇キャンパスは女性が多いのにこっちのキャンパスは少ない，など）ため，大変盛り上がる。このため，アイス・ブレイキングの意味もこめてやっている。また，教員にとっても，学生から見た大学の問題点や利点を知ることができるので，今後の授業の改善などにも活かせて便利である。

ブレイン・ストーミングの2つ目のテーマは，「講義『教育学の世界』で学びたいこと」にしている。この問いを出すと，学生が「教育」「教育学」について，どの程度知っているのかも把握して，次回以降の講義の内容や指導方法を考えるという，ある程度の診断的評価が行える。学生には，ブレインストーミングを診断的評価として行うという話もしておく。そうすると，今後の授業でも，教師の意図，しかけを見破ろうとする意識が生まれてくる。

3．教職総合ゼミナール
―「ひとりみがき」と「わけあい・みがきあい」の往還―

総合ゼミナールでは，自らが関心をもったテーマについて調査し，考察を深めると同時に，他のゼミ生の意見に出会わせることを重視している。

(1) 序盤―質疑応答で問題意識を深める―
最初の5～6コマは，個人発表を中心にしている。「このゼミで取り組みたいこと」というテーマで，各自適切な発表題目をつけて，これまでに調べたことと自分の意見を発表する。事前に原稿を教員へ提出し，OKが出ると発表できるということにしている。発表時間は短く，2分にしている。これは25人のゼミ生全員の発表を保証するためと，質疑応答の時間を多くとるためである。

質疑応答は，少なくても10分，長いと30分に及ぶこともある。たてまえよりも率直な意見が言えるように配慮している。たとえば，いじめについて発表があったときには，「いじめをなくすには，いじめられている人が強くなるしかない」という発言があった。それに対して「私はいじめられていました」との発言があり，それをきっかけにしてさまざまな体験談が続いた。その後，「私はいじめる側でした。そんなに大変な思いをしているとは思っていませんでした。すいませんでした」という発言や，いじめを克服してきた学生からの「やっぱり，俺自身は相手とけんかしていじめをなくしたし，そうすることで自信がついた」などの発言もあった。司会は学生がするので，学生の意見が混乱したり途切れたりしたときには教員も一参加者として意見を述べた。また，議論が混乱したときには司会を助けて整理した。

発表を聞いたゼミ生は，ワークシートに発表内容の要約と感想を記入する。また，ワークシートとは別に，小さいコメント用紙に感想を書き，発表者に渡す。コメント用紙には，最初によかったこと，共感したことを書き，次に気になる点や質問，意見を書くように指導している。

全員の発表が終わったら，自分が取り組みたいことを端的に記述して教員に提出させ，中盤のグループ発表につないでいく。

序盤は，「個人（調査）―集団（発表・討議）―個人（まとめ・感想）」という流れを意識して設計している。この流れは，東井義雄の「ひとりみがき―わけあい・みがきあい―ひとりみがき」という学習過程論（川地，2005）を参考にしている。

(2) 中盤―グループ再編で中だるみを防ぐ―

中盤の4コマでは，終盤でのグループ発表に向けての調査が中心となる。学生が提示したテーマをもとに，教員がグループを編成する。学生にグループ編成をまかせると，単なる「仲良し集団」でまとまることがあるためである。たとえば，ある年度は，学力班，ゆとり班，いじめ班，教師班の4グループを編成した。

グループ作業では，まず，具体的な発表テーマを決定し，役割分担を決める。調査は授業時間外に個人でさせ，授業時間を使ってグループ内で報告させる。

中盤の3回目の前半は，グループから1名ずつ出し，新しくグループをつくり（4テーマならば，4名のグループとなる），そこで自分が調べていることを報告する。つまり，自分がこれまで調べてきたことを別の人の前で発表することになる。

　このような機会を設けるのは，2つの理由からである。ひとつには，同じメンバーで3回以上作業を続けると，緊張感がなくなり，ゼミが「だれる」からである。だからといって，2回のゼミで発表準備を行うと，グループ内での議論も深まらず，調べてきたことを並べて発表するだけになりやすい。そこで，準備のゼミを4回分とり，3回目の前半で班員ではない人の前で発表させる。すると，新しい質問や意見が得られるため，もう一度調べなおしたり，まとめなおしたりする必要に迫られる。もうひとつの理由は，発表のときに，内容をある程度理解しているものが聞き手に含まれると，議論が活発になるからである。

　3回目の後半には，もとのグループ編成に戻し，3回目の前半で得た視点や問題点を出し，4回目（最後の打ち合わせのゼミ）までにやるべきことを確認する。4回目に，発表のレジメ案をもちあい，発表日の段取りをほぼ決定して，教員に報告する。新しいグループを編成して発表するという方法は，学生からもおおむね好評であった。

(3) 終盤—毎回1班1役割でグループ発表を支える—

　終盤（5～6回）はグループ発表である。ここでは，グループで発表し，全体で議論し，個人の意見を書かせ，それに対するグループの見解を次週に「新聞」という形で出させる。グループ発表の会では，発表班，司会班，まとめ班，質問班に分かれて進行する。4グループなので，毎回いずれかの役目を果たすことになる。「まとめ班」とは，発表した班の要旨を3分程度でまとめる班である。発表をきちんと聞いていないとできない。ときには，発表班より良くわかるまとめをする班もあり，なかなかおもしろい。「質問班」は，みんなからの質問が途絶えたときに，責任をもって質問する班である。質問班が特段がんばらなくても質疑応答が進む回もあれば，質問班ばかりが質問することになる回もある。

資料 1-1　三角柱の作り方

三角柱。
4つ折りにして，端の面を重ねてクリップやセロテープでとめると，しっかり立つ。
提言は三面全部に書くと，どの方向からでも見えて，全体討議がしやすい。

　発表後，感想・質問を付箋に記入して発表班に渡す。発表班も感想を書く。次週，発表班はみんなの付箋と，それに対する回答・コメントをもとに新聞を発行する。付箋は全員分載せることにしている。付箋をそのまま貼り付けて印刷してもいいことにしているので，パソコンの操作が苦手でも，負担なくできたようである。

　最後は，それぞれのグループごとに，「日本の教育改革への提言」をまとめる。ちょうど2008年版の学習指導要領が出る前などは，学生も「いい意見が出たら文部科学省に送ろう」と言って大いに盛り上がっていた。

　「土曜授業復活」「授業を減らそう，社会に出よう」「教師を増やそう，予算を増やそう」「1学級あたりの人数を減らそう」「教師の質向上のために研修を」「読解力向上のためにディベートを」「教師に権威を，子どもに道徳を」「改革せずに教師にゆとりを」など。これらの提言を書いた三角柱をつくり，机の上に乗せ，議論した。三角柱（資料1-1参照）にして机に載せておくと，どのグループが何の意見か，すぐにわかるため，教師も学生も便利である。

　このような取り組みの中で，「教育学の世界」「教職総合ゼミナール」は，知識の系統性よりも，受講生にとって関心の高い，具体的なトピックを扱うことを意識している。学生の問題意識を深めたところで，「教育とは何か」「発達とは何か」「カリキュラム編成の原理」「学習指導要領の変遷」「戦後教育実践史」「教師とは何か，教師の職務とは何か（教職論）」などのテーマについて，系統的に学ぶようカリキュラムを設計している。

4．教職論の学習記録の工夫

(1) 1枚ポートフォリオの活用

　教職論の前半では，教職の意義について深めるために，各時代の画期をなした教師について取り上げている。授業1コマの流れは，おおむね次のようにしている。

① ワークシートの返却。
② 時代背景の説明。
③ 教科書から実践の特徴を挙げさせ，講義者が黒板にまとめる。
④ 実践記録やビデオを使用して，実践の特徴の理解を深める。
⑤ ③④を形成した教育論や思想をまとめる。
⑥ 人生の転機を紹介する。
⑦ ワークシートに授業の要約と感想を記入させ，提出させる。付箋に自分の意見を書かせ提出させる。

　講義の流れを一定にしているのは，その方が学習者にとって授業の見通しをもちやすく，安心して参加できるため，結果として授業の導入もスムーズになるからである。

　この授業で活用しているワークシートが，資料1-2（次ページ）である。これは，堀哲夫氏が提唱している「1枚ポートフォリオ」にヒントを得て作成したものである（堀，2004）。このワークシートのいいところは，一目でこれまでの学びの経過や，学ぶ前と後の変化がわかるところである。教師にとっても，学習者にとっても，大量のノートやプリントをめくって学びを追うことは負担が大きい。学びの構造をとらえるためにも，一目でわかるプリントの方がよい。また，パターン化した感想を書く学生がいるのだが，このワークシートを見せながら，「あなたの感想はいつも『○○先生の実践に感動しました』という書き方になっている。毎回学ぶ内容は違うのだから，感想も違うはずだ。自分が何についてどう感じたのか，しっかり見つめて書いてごらん」と指導すると，効果的である。

教師論ワークシート

資料1-2 教職論ワークシート（A3サイズ）

免許取得予定教科：　　　　　　学科：　　　　　学生番号：　　　　　氏名：

オリエンテーション

1　教師であり続けるために大切なことは何か
　　（教科名↓）
2　生徒：なんで＿＿＿＿を勉強しないといけないの？
　　私：
3　「教職論」で知りたいこととは何ですか？

感想

⇒

講義『教職論』を受講して

1　教師であり続けるために大切なことは何か
2　生徒：なんで＿＿＿＿を勉強しないといけないの？
　　私：
3　「教職論」でもっと知りたいこととは何ですか？

←

① 月 日 タイトル 要約 感想	③ 月 日 タイトル 要約 感想	⑤ 月 日 タイトル 要約 感想
② 月 日 タイトル 要約 感想	④ 月 日 タイトル 要約 感想	⑥ 月 日 タイトル 要約 感想
⑦ 月 日 タイトル 要約 感想	⑨ 月 日 タイトル 要約 感想	⑪ 月 日 タイトル 要約 感想
⑧ 月 日 タイトル 要約 感想	⑩ 月 日 タイトル 要約 感想	⑫ 月 日 タイトル 要約 感想

(2) ポストイット新聞―論争的なテーマでの活用―

　もうひとつ，講義で論争的なテーマ，多様な意見が出るテーマを扱ったときには，付箋にも感想を書いてもらう。これは，似た意見でまとめてレイアウトし，教師のコメントをつけて，ポストイット新聞にして，次の週に印刷して配る（次ページ資料1-3）。すると，学生は自分とは異なる意見が多数出ていることに驚く。講義の時間は限られているので，この新聞によって多様な意見に出会えるようにしている。以前は毎回作成・配布していたが，レイアウト・印刷など含めるとひとつの授業で2時間ほど必要になるため，最近は半期で2度が精一杯である。

　半期の講義の最後にまとめとして，概念地図（コンセプト・マップ）をつくらせる（11ページ資料1-4）。これを期末テストとして実施することもある。このマップを作らせると，学生の理解や新しい発見，概念のつながりがよくわかり，一問一答式の試験では見ることのできない学生の理解を把握することができた。また，学生にとっても，これまでの学びをとらえなおし，理解を深める契機となるようである。

5．時代を拓いた教師たちから学ぶ―東井義雄を中心に―

　以上，授業の方法の工夫を中心に紹介してきた。次に，教職論の講義の内容についてやや詳しく紹介していきたい。

　教職論では，教科書として田中耕治編著『時代を拓いた教師たち――戦後教育実践からのメッセージ』（2005）を使用している。この書は，各時代の教育課題に正面から取り組んだ教師について，①時代背景，②実践の特徴（具体的な教育技術から，カリキュラム構想まで），③②を支えた教育論や思想，④人生の転機などについて，コンパクトにまとまっている。このため，たとえば，斎藤喜博のところでは，授業研究とは何か，教師の研修の機会とは何かを取り上げ，糸賀一雄のところでは，障害児教育と教師の役割，使命について考えさせるなど，教職論で重要なテーマを，各教師の生き様と教育実践を通じて取り扱うことができる教材である。

　ここでは，東井義雄の回でどのような授業を行うかの概略を述べておく。

資料1-3　ポストイット新聞

教職論　つぶやき新聞 no.3

斉藤 喜博 氏の実践について

まず，東井義雄の読解授業の記録から，子どもの間違いやつまずきを活かした授業づくりについて説明する。東井は，読解の授業で，最初に間違った読み取りをしている子どもを指名して考えを発表させた。案の定，クラスの中が騒

5．時代を拓いた教師たちから学ぶ　11

資料1-4　概念地図（コンセプト・マップ）

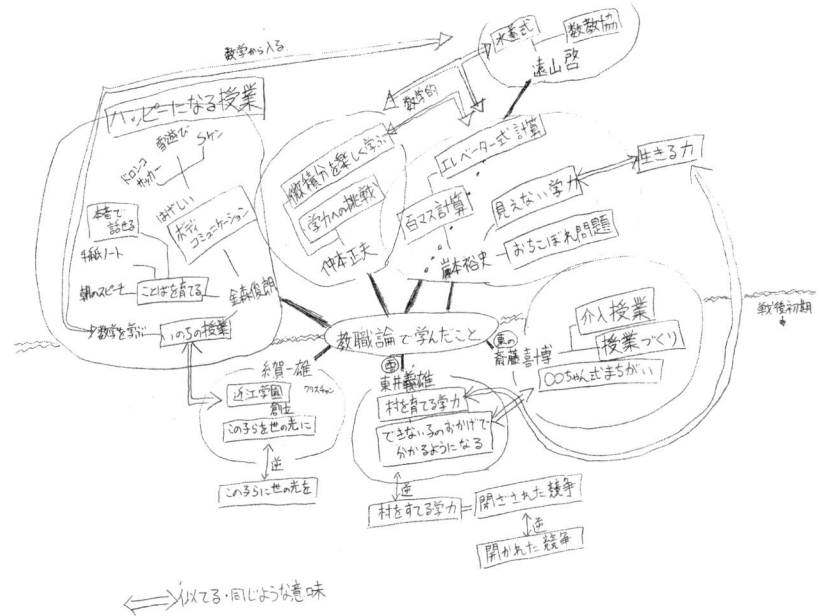

然となる。その読み方はおかしいぞ，となるわけである。

　ここで教職生に，君たちはこのような「当て方」（指名の仕方）をするだろうか，と問いかける。なぜなら，教育実習生の授業を見に行くと，ほとんどの場合，できている子から当てるためである。実習生の授業がこうなるには理由がある。できない子に当てると，そこで授業の流れがとまってしまい，効率よく授業が進められない。ときには，なぜ間違いなのかということをうまく説明できず，混乱に陥ることもある。だから，無難に進められるよう，自分の予想通りの正解を書いている子に当てるのである。

　それなのに，東井はあえて間違っている子に当てた。ここで，なぜだろう，と学生の意識が集中する（なお，ここで集中させておかないと，学生にポイントが伝わらず，単に「感動的ないい授業を紹介した」というだけになってしまう）。その実践記録を読み進めると，驚くべきことに，東井は間違った読み取りをした子の「味方」になって，「先生だって○○と思うな」，と述べている。

もし実習生が間違った子に当てた場合は，「□□を間違ったから，違う答えになったんですね。みなさんも気をつけましょうね」という程度で済ませることがほとんどであろう。しかし東井はそうではない。明確な意図があって，当てているのである。

　さらに記録を読み進めると，正しく読んでいた子どもたちは東井に食い下がっている。そこで東井は「それなら，何かそんな証拠でもあるかな？」と水を向けて，根拠を探させるのである。すると，子どもたちは，登場人物の心情の転換を表す「……が」や，自分に言い聞かせる「……のだ」，その後の迷いのない行動を表す「むちゅうで」「すべてに」などの言葉を発見し，読み取りの根拠を明確にしていく。授業の最後に東井は，子どもたちにはっきりと「きょうは，すばらしくはりきった，ねうちのある勉強ができたが，この原因を考えてみると，〇君がああいう読みをやってくれたおかげだ」と述べて，間違うことには高い価値があることを子どもたちにはっきりと伝えている。たしかに，この授業は，正しい読み取りをしている子どもたちを中心に進めていたら，これほど深まらなかっただろう。最初に間違った読み取りが出されたことによって，文章の中に明確な根拠を探すという読解の授業の核心が深まったのである。

　このような実践記録から，東井という教師の実践の特徴を取り出した後，それを支える授業の工夫や教育論について紹介していく。東井は，板書法，学習帳（ノート）活用法など，授業の鍵となる技術を多くもっていた。先の授業記録で特に関係があるのは，子ども一人ひとりの感じ方・考え方を基盤にした「ひとりしらべ―わけあい・みがきあい―ひとりしらべ」という学習過程論である。これは，集団思考を行う前後に，必ず子ども一人ひとりに考えをまとめさせるというものだ。そして，東井は，子どもがひとりしらべをしたノートに必ず目を通していたからこそ，先のような授業が可能になったのである。東井は，授業がうまい教師としてよく知られていたが，それを支えていたのは勘や天性の才能ではなく，明快な授業論と努力があったからだ，ということが学生にもわかる。

　次に，東井独自の学力論であり，日本の教育に強い影響を与えた教育論として「村を育てる学力」の説明をする。子どもがもともともっている知識や思考

法（「生活の論理」）は，科学的な認識方法と比べると間違っていることも多いが，だからといって生活の論理を無視して教えても，高い学力は身につかず，すぐに忘れてしまう。教科としての系統性（「教科の論理」）は重要だが，それを教えるだけでは生活で生きて働く学力にはならないのである。しかも，そのようにして学力が高くなっても，自分ひとりよい暮らしができればよいという利己主義が蔓延すれば，高い学力は，貧しい村を捨てて，都会で立身出世するために使われるだけである。そこで東井は，他の子どもと手をつなぎ，教えあい，協力しあう態度と，生活の論理を含みこんだ高い学力をめざしたのである。

　このように話すと，学生は「すごい先生だ，私には無理だ」と尻込みしてしまうので，次に教師の人生の転機の話をする。実は若い頃，東井自身が立身出世を夢見ていた。貧しい寺と村を捨て，都会で生きたいと願っていたのである。ところが公立豊岡尋常高等小学校の教師となり，子どもたちとふれあうなかで，どんなに貧しくとも，村の教育者として生きることを決意した。そして，子どもの実感に寄り添った教育を志すのである。

　しかし，戦前の社会の雰囲気の中で，子どもの行動や発言，作文の中に，「臣民感覚」が表現されてきたことを感じた東井は，それに寄り添おうと，「皇国民の練成」に全力投球する実践を行ってしまった。戦後，猛省の中で，東井は「自己の『真情』に対してだけでなく，相手の『真情』をも『理知』に照らして一応の認容が出来るような，『理知』」を育てることが重要だと気づき，「教科の論理」の必要性を主張したのである（東井，1959）。

　このように，今は多くの人が知っている優れた教育理論や教育方法であっても，その背後には教師自身の人生をかけた悩みがあり，それを何とか乗り越えようとしたときにすぐれた実践が生み出されてきた。それぞれの教師の苦悩や葛藤については，講義の最後に必ず伝えるようにしている。あるとき，講義の時間が足りず，この話ができなかったことがあった。すると，一人の学生から，「なんだか『この先生はこんなにすごいんだぞ，どうだまいったか！』と言われているような気がする」という感想が出たのである。つまり，この学生は，よい実践の押し売りをされたと感じたのである。どんなに優れた実践，すばらしい教師であっても，非のつけどころがない，批判できないと感じさせてはダメである。むしろ，彼らの苦悩の深さと，なぜ新しい実践，主張をすることが

できたかを伝える必要がある。

　教職論の授業に込めたメッセージをまとめて，最後にいつも教師の重要な資質として「ホットなハートとクールなマインド，確かな技術と同僚性（連帯）」を挙げる。教師は，情熱（ホットなハート）がないと続かない。子どもの人生に責任をもつ教師として生きていく覚悟があるのか，これらの教師たちは私たちに問いかける。しかし，情熱だけでもよい教師にはなれない。情熱だけで空回りしていたら，教師も子どもも疲弊してしまう。実践がうまくいかなかったときには，それを冷静に分析する頭脳（クールなマインド）が必要なのである。しかし，心と頭だけでもいい教師にはなれない。子どもに伝えるためには確かな技術が必要である。そして，これらを向上させるためには，教師同士の聞きあい，励ましあい，子どもについて意見交換し，授業研究するといった連帯が必要である（同僚性）。今では名高い教師たちも，最初から立派な教師だったわけではない。すぐれた教師たちでも，立ち止まったり，悩んだりしている。悩むことは，成長すれば必ず生じることである。このときに重要なのが，教師同士の連帯，研修（授業研究）である。

6．おわりに

　現代の新任教師は，即戦力となることが求められている。大量退職，大量採用時代の新任教師の宿命であろうか。教育学（とりわけ教育原理，教育史，教職論）に関する知識そのものを求められることはあまりない。教師としての実践力の育成という点では，実習や「教師塾」，ボランティアなど，子どもたちや実際に働いている教師たちから学ぶことのできる「現場」の方が効率がよさそうである。

　しかし，大学の講義が「役に立たない」のかというと，そうではないと感じている。確かに，実践との出会い方は，実践記録を使ったり，ビデオを視聴したりするという方法であり，現場での学びとは異なり，間接的である。しかし，実践記録やビデオ記録には，再現性があり，出会いなおすことができる。出会いなおす価値のある実践に出会わせること，そして，それらを支えた教育理論について教授し，学生とともに考察することは，学生が教師となったときの授

業づくりや生徒指導，学級運営，授業研究に生きてくるのではないだろうか。実践を支える「知」として教育学を学ばせ，教師人生を支えるような理論，実践，人物に出会わせることが，大学の教職課程の重要な役割だと考えている。私の講義はきわめて未熟なものであるが，少しでも学生の教師人生を支えるような何かを伝えたいと考えて，試行錯誤する毎日である。

■ 文 献

堀　哲夫　2004　一枚ポートフォリオ評価理科——子どもと先生がつくる「学びのあしあと」　日本標準
川地亜弥子　2005　東井義雄と「村を育てる学力」　田中耕治（編著）　時代を拓いた教師たち——戦後教育実践からのメッセージ　日本標準
東井義雄　1959　私の「いのち」の思想について　教育，第99号，p.74.

学生相互の学びあいをめざして

井ノ口淳三

1．大学生とリテラシー

　大学生に対して「もし親が大学進学に反対した場合，どのような理由で親を説得して進学の希望を実現するか？」と質問すると，返答に困る人が少なくない。多くの大学生は，親の同意を得て，あるいは親のすすめにより大学へ進学してきたのであるから，よほど想像力を働かせないと，この問いに答えることが難しいのであろう。返答の多くは，「大学生活を送ることによって○○○の力をつけるから，そしてそれは大学に行かないとできないことだから」というものである。ここに示されている具体的な力の内容は，たとえば英語で話したり文章を書いたりする力やコンピュータを操作する力，あるいは人と接するコミュニケーション能力といったものであるから，それらは広い意味において「リテラシー」という用語に含まれる内容といえる。

　現実の社会への適応と他方でそれに対して批判的に対応するという課題は，多くの大学生の直面するところである。たとえば，秘書検定講座に参加した際に「たとえ上司の指示が間違っていたとしてもそれに従う」という選択肢を正解とすることに疑問を感じる学生は少なくない。おかしいと思いつつも妥協せざるをえない自分に納得できない学生もいる。したがってこのような状況にある青年期に形成すべき力として求められることは，個々のリテラシーを身につけることにとどまらず，リテラシーが「機能」と「批判」という両義性を備えたものであることを理解し，いわば二律背反的な状況に置かれた自己の立場そ

れ自体をマクロの視点からとらえることである。そのためには，自然科学や社会科学，人文科学等の諸分野における先達の遺産を系統的に学ぶことが有益である。大学をはじめとする高等教育機関は，青年期のこのような課題の解決に役立たねばならない。そして学ぶ上でのさまざまなスキルの習得も含めて大学教育のカリキュラムを構成していくことが求められるのである。教員養成の分野においては，すぐに役立つ実践的な技量を求めがちであるが，教師をめざす学生にとって大切なことは，日々生起する問題の本質をとらえ，見かけの姿に振り回されない視点を鍛えることである。本章で紹介する技法もそのことを念頭に置いて実践しているものである。

2．大学生に求められるスキル

　大学の教員は，日頃の授業において大学生のスキルの不足を見て「学力の低下」と感じることもあるだろう。ノートをとるという作業を例にしてみよう。ノートをとるには，①講義を聴いて内容を理解する，②その要点を把握する，③それを文章で箇条書きに表現する，というプロセスがある。2005年秋にチェコの大学1年生の新学期の授業を参観したが，どの学生もきちんとノートをとっていて感心した（井ノ口，2006）。2007年9月にはメルボルン大学でも授業を参観したが，やはりノートをとることは当たり前のように行われていた。また，京都市教育委員会の2008年度教育実習説明会に参加したが，およそ80分間に4人の講師が壇上に立ち，次々に講話を行った。配布資料には，説明の要点を記入するために罫線入りの空欄が用意されており，講師は必要なことをメモするように促した。「私語」「飲食」「居眠り」その他受講態度が悪い場合には説明会から退席させ，次年度の教育実習を受け入れない旨の注意が最初になされた。帽子も脱ぐように指示があった。両隣をはじめ周辺の大学生は，いずれも緊張した様子でメモをとっていたが，静かな会場に一斉に筆記用具を走らせる音がしたのは，中学校長会の会長が実習の評価の視点を箇条的に説明したときであった。

　これらの体験は，いずれも大学での日常の授業風景とは異なるものである。大人数授業の行われる大講義室では，後方の座席にいる大学生の中にはノート

や筆記用具を机上に出していないものも見られるようになってきた。これは非常勤講師として出講している大学でも同様である。彼らはノートをとる必要性を感じていないのか，それともとる力が備わっていないのか，あるいはその両方かも知れない。携帯電話に付属するカメラで何でも簡単に記録できる時代に，ノートをとるスキルがどれほど必要なのかということだろうか。

　また，本を読んだり，レポートをまとめたりすることも分野を問わず必要であるが，インターネットの普及した今日において活字の情報は古いという考え方もある。しかし，本を読むということは単に情報を得ることではない。読むことを通して著者と対話し，自分の考えを問うていくことである。この力は，インターネットのホームページを読む上でも役に立つはずである。ホームページ上の情報が的確な内容であるかどうかの吟味をする力が無ければ膨大な情報の洪水に押し流されてしまうであろう。

　さらに，高校を卒業するまでにはほとんど経験しなかったこととしてレポートの課題にとまどう１年生も少なくない。けれども，レポートの書き方を学ばないと困ったことになる。たとえば，①ただ自分の経験や思いつきを綴っただけの「作文型」，②文献やインターネットから引用しただけの「丸写し型」，③引用箇所の出典を明記しない「盗作型」などのレポートを平気で提出することになる。

　こうした現状を憂いて，一部の大学ではリメディアル（remedial，補習）教育が始められている。また，多くの大学において初年次導入教育が取り組まれている。大学・短大への進学率が50パーセントを超えるユニヴァーサル（universal，万人）化の時代が到来し，大学へ行くことは特にあらたまった覚悟や感激を伴うものではなくなっている。大学に合格した途端に目標を見失う「５月病」が減ってきたことは結構であるが，それは大学院入学後に先送りされただけとの見方もある。大学を「学校」と言い，自分たちのことを「生徒」と呼ぶ大学生が増え，授業においても丁寧な板書や穴埋めプリントを求めるようになってきたのも，高校の延長としての大学でしかないからであろう。最近の大学生は授業によく出席するといわれる。そしてそれを出席点として成績にカウントしてほしいと望んでいるようだ。大学は友人や居場所を求める所であり，そこに行かなければ，落ち着かないのである。これも高校の延長としての大学

という受けとめからきているとすれば，初年次教育の課題は，「学生が『大学』という営みに自己同一化することを支援すること」にあり，「大学の価値を認識させることである」と言われるのももっともである（絹川，2006）。つまり，個々のスキルや力の不足も問題であるが，「大学」そのものに対する大学生の認識を大学教育の中でどう変えていくのかということが重要な課題なのである。大学生には，高校4年生になったのではなくて大学1年生になったのだという自覚をもつことが求められる。そのためには，分野を問わずどのレベルの大学であろうとも，その教育は既成の知識の伝達ではなくて，考えることの楽しさやおもしろさを実感させるように，いわば「研究的」にすすめられることが必要であろう。

3．授業での工夫

大学での学びは，高校までのそれとはどのような点で異なるのであろうか。高校までの「勉強」に対して，大学では「学問」のおもしろさに目覚めてほしいものだ。学問とは，問うことを学ぶことである。高校までは出された問いの答えを求めることが主な課題であった。しかし，大学では問いを自分が出すのである。筆者の担当する「教育哲学」では，次のような設問をすることが多い。なぜだろう？　と疑問に思う気持ちを大切に育ててほしいからである。

問1．講義およびテキストの内容について関心をもったことや「なぜ？」と疑問に思ったことの中からテーマを定め，適切な論題を各自で設定しなさい。

問2．問1で設定した論題について，自分で調べたり考えたりしたことを詳しく説明しなさい。

問3．問1の論題設定および問2の説明について，論題と内容とが相応しているか，論旨の展開が説得的であるかなど，適切なものとなっているかどうか自己評価しなさい。

上記の設問に対して、たとえば「早期教育について」とか「生涯学習について」など1冊の書物を必要とするような大きなテーマを設定する学生が少なくない。「問2」の文章を作成した後でもう一度テーマを吟味することや、副題をつけてテーマを狭く限定するようにアドバイスしても、そのことの意味が理解できていないようである。また、問3の「自己評価」にとまどう受講生も少なくない。この科目の受講生のほとんどは入学したばかりの1年生であるから、上記の課題を難しく思うのであろう。レポートに取り組む練習として杉山幸丸の実践に学び、「読書批評レポート」（杉山, 2004）を書くようにすすめているが、これを提出する受講生は、全体の5パーセントにも満たないのが現状である。

　筆者が常に留意していることは、授業を通して受講生が互いに学びあう機会をもち、それを契機にして自ら課題を見つけ、自己の必要とする力量形成に向かっていくことである。特に教師をめざす学生には、学びあう授業の意義に気づいてほしいと願っている。そのために次のような手法を用いている（追手門学院大学教育研究所, 2006）。

　①コミュニケーション・カードの活用
　②話し合いタイムの導入
　③いきなり全員ディベート

　近年一斉授業の評判は、小学校から大学までけっして良いとは言えない。けれども実は筆者は、それほど悪いものだとは思っていない。17世紀チェコの教育者コメニウス（J. A. Comenius, 1592～1670）が「すべての人に」教育の機会をもたらすように訴えたとき、少ない教師で多くの生徒が学べるようにするには、一斉教授の方法が最適だったのである。以来数百年にわたって改良が加えられ、今日なお小学校から大学まで最も多くの教室で採用されている方法である。いわば教育の大衆化・機会均等化に道を開いたアイディアといってよい（井ノ口, 1998）。

　かつて放送大学の講座で、一斉教授について、それはコメニウスの時代には意味があったかもしれないが、今日の日本では時代遅れだと批判していた講師がいた。しかし、この講師自身全国の何万人という視聴者を相手にして「一斉教授」をしていたのである。スタンフォード大学教育学部教授のラリー・キュー

バン（Larry Cuban）は、「コンピュータが大学教育の場に登場して以来、主流の授業方法は変わっていない。講義スタイルの無変化は、特に学部レベルでは半分以上または3分の2にも達している」と述べ、今後ノート・パソコンなどのテクノロジーが導入されても「授業のあり方自体は本質的には変わらないであろう」と見通しを述べている（キューバン，2004）。テレビを通しての一斉教授という放送大学の授業方式は、まさにテクノロジーの導入によっても変わることのない授業のあり方を象徴的に示したものではなかろうか。

杉江修治も次のように述べている。「大学で主流となっている指導法は一斉講義方式である。この方法は、受講生に内的な学習意欲があれば、内容が論理的に効率よく示されていくという点で有効性を持つ指導法であり、安易に否定されるべきものではない」と（杉江，2005）。彼が討論を中心とする学習方法の研究で顕著な業績をあげている研究者であるだけに、この指摘には納得がいく。また、大塚雄作も「効率的に、内容を学生に伝えるという意味では、やはり、一方向的でも、講義形式の授業が有用であって、実習はその意味では非効率的である」と記している（大塚，2005）。

このように近年一斉講義方式が見直されているのは、なぜだろうか。多くの大学がセメスター制に移行し、半期15回の授業で一応のまとまりをつけなければならない。他方で教育内容は拡大の一途をたどり、しかも常に更新されねばならないのであるから、限られた時間内に学習内容をわかりやすく効果的に提示する方法としての一斉教授は、当分なくならないものと思われる。けれどもコメニウス自身も一斉教授を補う方法として受講生同士の相互教授を取り入れることを提案していた。筆者もコメニウスの教育理念にならって学生同士が互いに学びあう方法を試みている。

筆者は、授業の終わりの約10分間を受講生が自分の考えをまとめる時間としている。前半の5分間は、その日の授業で学んだことやわかりにくかったことへの質問などを含め、授業の感想をまず自分のノートに記入する。「何を書いても良い」と言うとかえってとまどう学生がいるので、授業に関連した具体的なテーマを指示することも多い。

後半の5分間は、出席票の裏の白紙に記入する時間である。縦9cm、横6.3cmの長方形の小さなカードであるが、ここに13字×12行を目安にして約150

字前後の文字を記入することができる。バランスよく記入するためにもまずノートに書き，その内容を出席票に要約して清書するという手順が必要なのだ。記入し終えた者から提出し，退室する。学生が記入している間は質疑応答の時間でもあるのだが，大勢の前で発言するような学生は，試験前でもなければほとんどいない。そのため互いに話しかけやすいように机間巡視をしながら通路を歩いて受講生に接近していく。それでも直接言いにくいことがあるらしく，その場合に学生は質問内容を出席票(以下カードと言う)に記入している。

そしてカードを提出する際に，授業中に紹介した実物資料を手にとってさわれるように，教卓脇の補助机の上に並べておく。

カードを回収した後すべてのカードに目を通していく。そこから16枚のカードを選び，縦横4枚ずつ並べるとちょうどB4判の大きさになり，そのままコピーして印刷し，次の授業の際に配布してフィードバックする。紹介したいカードが多い場合には，32枚に増やし両面印刷する。名前とコメントは必ず別の面になるので，匿名で紹介できる。

問題は，どのようなカードを紹介するかである。これを通して教師の側から隠れたメッセージを伝えることになるわけで，ここで教師好みの意見に誘導してはならない。同じビデオを視聴しても必ず相反する見方のカードが提出されるので，両方の意見を紹介する。そのことを通して教師と異なる意見でも紹介されることを事実で示すのである。このカード自体は評価の対象としていないのだが，論述式の試験やレポートの場合，教師の説明と同じ考えを書かないと良い点をもらえないのではないかと心配する学生がいる。試験については授業中に詳しく説明するのだが，カードを毎時間紹介し教師がそれにコメントを加えることを通して，学生はそのような心配が無用であることに気づいていく。

カードを紹介するねらいは，他の受講生の考えを相互に理解して学びあうこと，そしてその考えを文章で表現する力を身につけ，向上させていくことである。したがって，他の人にも説明したい質問が含まれているものや，教師の説明に不足していた視点から自分の考えを述べている内容のカードを選ぶことが多い。

このカードは，もともと出席票なのであるから当然無記名ではない。したがって授業中に示された教師の考えに対する批判や反論が出されにくいことも予想

される。そのためこのカードに書きにくいことがあれば、eメールで筆者に送信すれば、匿名性が保たれることを説明している。

　ここでコミュニケーション・カードの利点についてまとめておきたい。①まず受講生は、自分の思いを限られた時間内に短い文章で表現する練習ができる。②フィードバックされたプリントを読むことによって他の受講生の考えを知り、自分の考えを見直すことができる。③プリントを見て前回の授業内容を思い出すことができる。欠席した学生も授業内容をある程度推測できるので、授業の継続性が保たれやすい。④プリントに記された意見や質問について考えることによって試験やレポートの準備に役立てることができる。

　教師の側からの利点は、①学生による日常的な授業評価として受けとめられることである。授業内容のどの箇所やテーマに関心をもったのか、どんな反応を示したのかがよくわかる。学生が興味をもった教材や、誤解をしている理由も推察できる。白紙のカードがある場合は、受講生から見て「テーマのわかりにくい、まとまりのない授業だった」というメッセージだと受けとめている。②このカードを読んでいると、受講生の反応がよく伝わり、次回の授業の準備に意欲的になれる。③記入された文字が回を重ねるごとにていねいになり、読みやすくなってくるという副産物もある。

　コミュニケーション・カードが受講生の相互学習における間接的な手法とすれば、より直接的な手法に話しあいがある。話しあいが盛り上がるかどうかはテーマの設定が適切であるかどうかによるところが大きい。実はこのテーマも先のカードの中に豊富に含まれている。筆者は、受講生の個別的な質問や疑問にもできるだけ応えるようにしてきたのだが、最近ではすぐに応えないで、まず受講生全体にその質問や疑問を返し、質問者以外の学生にもそれについて考えさせるようにしている。その理由を受講生にはソクラテス（Sokrates, B.C. 469頃～B.C.399）の事例で説明している。ソクラテスは、弟子からの質問に対してすぐに応えようとせず、その内容を少しずらして逆に弟子に問いを投げかけ、互いに考えを深めていこうとしたと伝えられている。自分をソクラテスになぞらえるのは僭越であるが、ソクラテスの教師としての優れた点からも学ぶことは有益である。

　筆者の手法は発問を軸とする授業ではない。発問をすることもあるが、知識

の有無を試すような発問はしないことにしている．筆者の行う発問は，誰のどんな回答も認めることができて，そこから新たな問いが生まれるような性質のものである．たとえば，「今，日本の教育は？」という表現に続けて次の文章を考えさせる問いである．これなら「迷っている」とか「落ち目である」などいろいろな回答が出る．そうすれば「なぜ落ちているのか？」「上げるには何が必要か？」などの問いに引き継いでいくことも可能である．

　発問もするが，多くの場合質問や疑問を最初に出すのは学生である．学生からの問いかけに対してすぐに応えるのではなく，論題にアレンジして話しあいを呼びかけるのである．そしてその話しあいの中から新たな疑問が出されていく．その疑問をまた全体に返していく．こうして最初の疑問が深まっていく．学生にも「質問がたくさん出るとうれしい」と言っている．話しあいが十分に行われるとカードに記される内容も充実する．したがって，授業の中にわずかな時間でも話しあいを取り入れることは必要である．

　自分の座席の近くに座っている学生同士で話しあうように促しているが，どうしても苦手だと言う学生に無理強いはしていない．友人が近くに座っている場合は活発に発言できたとしても，初めて顔をあわせた人に自分の考えを言いにくい学生は少なくない．筆者は，まわりに適切な話し相手が見つからない場合には自分の考えた内容をノートに書き留めるように受講生に指示している．話しあいの後で，グループでどのような意見が出されたのかを何人かの学生にマイクを向けて紹介してもらうのだが，その場合1人で考えていた学生にもノートに記入していた自分の意見を紹介させている．

　かつてイースト・ロンドン大学で参観した授業では，小道具に紐を使って小グループでの話しあいを活性化していた．日本では見られない手法なので，ここで紹介してみたい．1つのグループを5人〜6人で編成し，それぞれのグループに荷造り紐か毛糸の玉のようなものを1つ渡す．グループで最初に発言したAさんが，紐の端を指にかけ，次に発言したBさんに紐の玉を渡していく．Bさんは，その紐を自分の指にかけて次の発言者に玉を渡す．こうして紐の玉は次々に発言者の手元に渡っていく．一定の時間がたつと紐が縦横にクロスしてくるので，グループで誰の発言回数が多かったのかが一目でわかる仕組みである．またBさんはCさんの発言に対してコメントを返すことが多い，という

ようなことも紐のやり取りからわかるのである。受講生の多い科目の場合，教師がすべてのグループの話しあいの状況を掌握することは難しいが，この方法を用いると，特定の学生ばかりが発言しているグループがすぐにわかり，適切な助言をすることが可能になる。

　筆者も早速試みたところ，「またやってみたい」という学生と「もうやりたくない」という学生とにはっきり二分された。前者は，比較的発言回数の多い学生であり，後者は少ない学生であった。イースト・ロンドン大学の学生は，いつもやっていて慣れているせいかあまり抵抗を感じている様子も見られなかったのであるが，これはまだ日本の風土になじみにくい手法なのかも知れない。

　話しあいを活性化させるためには，「○○○について」というディスカッション向きのテーマ設定よりも「○○と△△は，どちらが良いか」とか「○○○に賛成か反対か」などのディベート風に論題を設定するのが良い。論点をきわだたせて考えやすくするためである。もっと盛り上がるのは，1回の授業を全部使ってディベートをする場合である。そこで次に筆者が授業用にアレンジした「いきなり！　全員ディベート」という手法を紹介する。

　ディベートを教育方法の1つとして考えた場合，あらかじめ論題について情報を集め，論理的に考察する力をつけることにその意義を見出すことができるだろう。その意味では「いきなり」というのは邪道である。けれども自分の意見を人の前で述べ，話しあいを活性化させるという視点からみれば，学生参加型の授業方法の1つとして検討に値するものである。これを体験した学生は，「論題についていろいろな立場から考えることができて良かった」という感想を述べることが多い。

　筆者が授業用にアレンジしたやり方は，受講生がどれほど多くても，また反対に少ない場合でも可能である。論題をあらかじめ学生から募集しておいても良いし，当日教師が提案しても良い。以下に進行の具体的な手順を説明する。

　①まずチームの編成をする。学生が最初に座っている席を基本にして1チームを4人程度にまとめていく。教室が固定式の座席の場合には，通路を挟んで対面するように座らせる。一方を賛成側に，向かい合う他方を反対側に指定する。希望を聞いて自分の本来の意見の側へ移ることを認めても良いが，必ず人

数が不均等になるので，希望を考慮せずに始めても良い。ディベートでは「人と論を区別する」ところに意義がある。意見が異なるからといって仲違いをしないためである。あえて自分の本来の意見とは異なる側のチームに所属することによって，自分と異なる立場への理解を深めるのである。

②次にチームごとに論点の相談をする。これに15分程度をあてている。論題に関連する資料を配布して読ませ，論点について考えさせると良い。チームを代表して立論や最終弁論をする人もこの時間に決めさせる。

③立論や最終弁論をする人を決めたか否かを確認した後，ディベートを一斉に始める。全員ディベートの場合タイム・キーパーは教師がつとめる。タイマーを持参すると便利である。授業用のフォーマットは，次の通りである（井ノ口，2005）。

肯定側立論	3分
否定側立論	3分
作戦タイム	3分
相互討論	10分
作戦タイム	3分
否定側最終弁論	3分
肯定側最終弁論	3分
勝負判定	

通常のディベートなら，「反対尋問」の時間であるところを「相互討論」としている。反対尋問は，「ディベートの華」と言われ最もおもしろいところとされるが，ディベートの経験の少ないものにとっては難しいので，相互討論として自由に意見を述べられる時間帯にした。ただし，発言者が特定の者に集中しないように，発言を希望する者は必ず挙手すること，片方のチームしか挙手のない場合には同一チームの発言が続くことも認めるが，その中でも発言回数の少ない者を優先させることを指示した。

作戦タイムの時間には，チームごとに相談しやすい位置に移動する。最後に

勝負判定を行うが，これは自己評価とする。評価の視点について説明した後，まず自分のチームが優勢だと思う人に挙手を求める。次に相手側の方が良かったと思う人に挙手を促す。双方とも自分のチームが優勢だと思ったり，逆に相手側に挙手したりした場合は引き分けと判定する。これで終了である。

④終了後はコミュニケーション・カードに感想を記入する。

以上で1つのプロセスが終了する。この「いきなり！ 全員ディベート」は，ゲームの要素が大きくて小グループでの話し合いには尻込みしがちな学生にも大変評判が良い。始める前は苦手だと言う学生も少なくないが，1度やってみるとほとんどの学生がまたやりたいと言う。大人数での学生参加型の授業を模索している方にぜひすすめたい手法である。

4．授業の評価と教員評価

授業に対する受講生の反応は，学生による授業アンケートによっても知ることができる。筆者の場合，出席票のコメントをフィードバックすることやディベートの評判が良い。一例を紹介すると次のような声がある。「授業の終わりに提出する出席カードは，とても力になると感じている。普通なら自分の意見だけで批評してしまうが，同じ受講生のいろんな意見がうかがえるので，『こういう考え方もあるんだ』と視野が広がっているように感じている」「自分が書いたコメントカードの結果が目に見える形ですぐに返ってくる，というのがとてもやりがいにつながった」などである。

しかし，これを教員評価に連動させることは適切ではない。なぜなら授業アンケートは，授業の改善をめざして行われているものだからである。もし教員評価と連動させるのであれば，質問項目の設定や回収時期，集計方法などを改めて検討する必要があろう。

■ 文 献

井ノ口淳三　1998　コメニウス教育学の研究　ミネルヴァ書房
井ノ口淳三　2005　命の教育，心の教育は何をめざすか　晃洋書房

井ノ口淳三　2006　チェコではコメニウスをどう教えているか　追手門学院大学　教職課程年報，14
絹川正吉　2006　大学教育の思想　東信堂　p.108.
キューバン，L.　小田勝己他（訳）　2004　学校にコンピュータは必要か　ミネルヴァ書房　p.133. および p.206.
追手門学院大学教育研究所（編）　2006　大人数授業をどう改革するか　アスカ文化出版
大塚雄作　2005　学習コミュニティ形成に向けての授業評価の課題　溝上慎一・藤田哲也（編）　心理学者，大学教育への挑戦　ナカニシヤ出版　p.17.
杉江修治　2005　大学教育の課題を日本の教育課題として捉える　東海高等教育研究所　大学と教育，41，p.2．
杉山幸丸　2004　崖っぷち弱小大学物語　中央公論社

　本章は，全国私立大学教職課程研究連絡協議会『教師教育研究』第21号（2008年）所収の拙稿を加筆・修正したものである。

3 授業力を育てる教科教育法
―高等学校情報科教育法―

森石峰一

　情報科教育法では，情報教育の目標である「情報活用の実践力」「情報の科学的な理解」「情報社会に参画する態度」を理解し，活用できる学生を育てることを目標にしなければならない。さらに，自己学習能力，論理的思考能力，文章作成能力，問題発見・問題解決能力，コミュニケーション能力，プレゼンテーション能力等を向上させ，教育実習への取り組みを支援する必要もある。

　しかし，本学では，前期に情報科教育法1を，後期に情報科教育法2を開講するだけに止まるので，前記の目標を達成するだけの時間的余裕は十分ではない。

　この限られた時間の中で，どのような資質をもつ教職生が望ましいかを考えた。その結果，実践力をもつ教師になるための基礎を，習得することが重要であるということに帰着した。これは，書籍やインターネットから得られた情報を，自分が教える生徒の学力にあわせて再構築できる力，つまり実践力が必要であるからである。即ち，実践力をもつ教師だけに，実践力をもつ生徒を育成することができるからでもある。

　実践力は，実際の経験を繰り返すことによって獲得することができるが，知識授与を中心とした講義だけでの獲得は困難である。したがって，情報科教育法では座学を最低限にとどめ，個々の受講生が考えた内容をチームで議論し，まとめ上げたものを発表するという作業を中心に置くことにした。

1. 情報科教育法の授業設計と主な授業内容

(1) 情報科教育法1の授業設計

　後期に開講する情報科教育法2では，教職をめざす者として必要な資質・態度の修得ができることを目標にしている。したがって，情報科教育法1では，情報科教育法2を受講するために必要な基礎的知識を身につけることを目標にしている。

　情報科教育法1を設計するための考え方として，下記の4点に留意している。

　①ボトムアップ　　理論からではなく，事例（現実）から始める。
　②課題解決ベース　　座学だけではなく課題を与え解決をさせる。
　③協調学習　　チームで考えて作業をさせる。
　④自己診断・自己評価　　受講生自身が立てた目標に対して，自ら達成度のチェックをさせる。

　これらを具体化するために，情報科教育法1は以下の3ブロックで設計している。第1ブロックでは，教科「情報」を教えるために必要な知識を得るための講義を行う。第2ブロックでは，チームで議論を行った結果を発表する。第3ブロックでは，チーム単位での学習指導案の作成と模擬授業を行う。

(2) 情報科教育法1の主な授業内容

1) 第1ブロック（必要な知識を得るための講義）

　最初に，情報科教育法を受講する学生に対して，下記の覚悟をもつように促している。

　①学ぶ気のある者は，自発的に学びなさい。
　②学ぶ気のない者は，放っておかれることを覚悟すること。
　③情報は自分で探し，自分で価値判断をして活用すること。
　また，学び方については，下記のように説明している。
　①教師に教えられて学ぶ（森，1984）。
　②自分で学ぶ（森，1984）（得た知識を，自分の言葉で再構築する）。

③他者に教えて学ぶ（森，1984）（得られた知識を他者に正しく，わかりやすく，まとめて伝える）。

これらは，「わからないものは，待てば教えてもらえる」と考えている指示待ち人間にとっては，いささか高いハードルであるが，教える立場になることをめざす教職生であれば，必要不可欠な態度である。

教科「情報」を担当する上で本質からぶれない教育をするために，教える立場になる教職生には，情報教育に特化した「情報」の定義を教授するべきであると筆者は考えている。しかし，学習指導要領や教科「情報」の教科書では「情報」を定義していないので，本科目では，「情報」を下記のようなプロセスで定義することにしている。

筆者は，まず「情報とは意味をもつことがら」であると説明する。人間は，意味をもたないことを情報として記憶することができず，ただの雑音として認識するからである。また，「ことがら」としたのは，「物」でもなく「もの」でもない，手に取ることができない（物質でない）のが，情報であると伝えたいからである。

続いて広辞苑を引用して，情報とは「判断を下したり行動を起したりするために必要な，種々の媒体を介しての知識」であると紹介する。しかし，「媒体」は平易な言葉ではない。「媒体」を広辞苑で調べると，「媒介するもの。伝達の媒介となる手段」となる。さらに，「媒介」を調べると「双方の間に立ってとりもつこと。なかだち。とりもち。きもいり」となる。

この「媒介」を「なかだち」と解釈していることに注目し，情報とは「判断を下したり行動を起したりするために必要な，種々のなかだち（媒体）を利用して得られる知識である」と筆者は定義した。ただし，「①情報の送信者と受信者が存在する。②情報は，意味を持つことがらである。等が大前提となっている」を追加している。

受講生が作成するレポートに，「現在が情報化社会である」とした記述が見られる場合がある。現在は情報化社会を経て数年前から情報社会になっているのに，情報化社会と呼べばよいのか，情報社会と呼べばよいのかの認識が明確になされていないからである。これは，納得のいくまで調べるという態度ではなく，インターネットを用いてレポート課題に近い情報を探し出し，深く考え

ずに引用するという安易な態度が原因であると考えている。そこで,「情報化社会」と「情報社会」の意味の違いについても,「情報」の定義と同様のプロセスで説明することにしている。

現在の学生は,インターネットからの情報を多用する。このこと自体に問題があるとまでは言い切れないが,文責のない正確とも言えない情報を鵜呑みにしているのではないかと危惧をいだく。筆者は,生徒に教える情報は,文責がある正確な情報を生徒が理解できる平易な言葉に置き換えてから教えるべきであって,曖昧な情報を教えるべきではないと考えている。このことを,「情報」の定義と「情報化社会と情報社会の意味の違い」を考えるプロセスを通し理解してほしいと願って,あえて紹介している。

その後,教職生としてもつべきである基礎的な知識に属する内容と,情報教育の理念や,専門教科「情報」と普通教科「情報」の目標,情報教育の目標である3つの観点等の,教科「情報」を教える者としてもつべきである基礎的な知識に属する内容に大別して説明を行っている。

2) 第2ブロック（チームで議論し統一見解を発表）

第2ブロックの最初の授業で,約5名で1チームを作るように指示をする。このチーム作りでは,誰をメンバーにするかを受講生自身が決定する。つまり,自主的に活動をしなければ,チームができないことになる。

宿題としてレポートを書かせており,①レポートを基礎資料にし,チームで議論し統一見解を作成する。②作成したチームの統一見解を3分間で発表する。③発表後に,5分間の質疑応答を行う。全チームがこの①〜③までの流れを行う。

チームでの議論を25分間にしているが,議論を始めてから20分経過した頃に,後5分で発表できるかを問う。発表できないチームが大半であれば,5分の延長を提案する。ここで受講生自身が,当初のスケジュール通りに90分間の授業で終わるか,授業終了が遅くなっても良いから,5分間の議論を行う時間を確保したいかの選択を迫られることになる。これは,受講生自らの意思決定と,行動に関する自主的な態度の育成を目的として行っている。

第2ブロックでは原則的に,この一連の流れをレポートの課題を変えながら行っている。

3) 第3ブロック（チーム単位での学習指導案の作成と模擬授業）

　情報科教育法2の課題は，個々の受講生が学習指導案を作成し模擬授業を行うことである。情報科教育法2の準備として，これらの課題を経験することが望ましい。よって，情報科教育法1では，チーム単位で学習指導案を作成し模擬授業を行うことにした。

　学習指導案を作成する前に，「学習指導とは」「『教科書を教える』と『教科書で教える』との違い」等の基礎を学習し，指導内容の決定⇒教材研究⇔学習指導案の作成⇒板書計画⇒模擬授業の実施⇒質疑応答といった一連の内容を説明する。

　基礎を学習した後に，指導内容を教科書の中から選び，教材研究を行った後に学習指導案を作成する。作成した学習指導案を，筆者が情報科教育法2の受講に対して十分なレベルに達しているか，つまり個々の受講生が作成の基礎を具現化できているかを評価する。合格レベルに達していることが認められたならば，教材作成，板書計画に取りかかる。すべての作業が終われば模擬授業を行う。

(3) 情報科教育法2の授業設計

　教育実習を成功させるには，実習校に行く前段階に準備できることと，現場でなければ解決できないことに整理し，前段階で準備できることに集中する必要がある。

　この前段階で準備できることは，学習指導案の作成を迅速に行うことができる力と，想定される生徒像に沿った授業を行う力を身につけることである。したがって，情報科教育法2では個々の受講生が，この2つの力を身につけ，教職をめざす者として必要な資質・態度を修得することを目標にした。

　これらを具体化するために，情報科教育法1の第3ブロックで行ったチームを単位とした指導内容の決定から模擬授業の実施までを，個々の受講生に行わせることにした。なお，作成した学習指導案の評価レベルは，教育実習校でも通用するレベルとしている。

(4) 情報科教育法2の主な授業内容

　大学で行う模擬授業は，実習校で行う授業のシミュレーションであるので，実習校と同一の授業時間である50分間が望ましい。しかも，半期と限られた時間の中で，全受講生が模擬授業を経験する必要がある。

　これらのことを勘案して，受講生数が10名以上であれば15～20分間の模擬授業が行えるように時間を調整し，10名未満であれば20分間の模擬授業を行い，次の授業日に50分間の模擬授業が行えるように調整している。

　なお，模擬授業を2回行う場合は初回にあたる20分間の模擬授業で，50分間の模擬授業用に作成した学習指導案から，20分間分を抜粋し再構築させることにしている。

　20分間の模擬授業を終了したときに，他者評価を受けるとともに自己評価も行う。これらの評価を参考にして，教材研究や学習指導案，板書計画，指導方法の再検討を行い，50分間の模擬授業に反映させ，より完成度の高い模擬授業を行ってもらいたいと考えている。

2．レポート

　従来のレポートは，与えられた課題に対して，どのような観点で構成し，どのような精度で作成されているかを評価するものである。しかし，情報科教育法1では，レポートを評価に利用するだけではなく，チームで議論を行うための基礎資料として利用している。受講生は事前に議論する課題がわかり，その課題について予備知識と資料をもっているので，授業中の議論に集中でき，また多角的な議論が可能になる。この方法は，90分という限られた授業時間の中で，課題を発表し議論を行うようにすれば，満足のいく結論まで到達できないと考えたからである。

　最初の課題は必ず，「brainstormingとKJ法についてまとめなさい。また，この2つの語句を関連付けた短い文書を作りなさい」にしている。なぜなら，今後議論を行う上で活用してほしい考え方なので，正確に理解してもらいたいからである。また，教科「情報」の授業で，チームを作り話しあいをさせる協調学習には必要な考え方であり，この最初の課題を教師が体験し理解していな

ければ，正確に教えられないと考えていることが背景にある。

以後の課題は，「診断的評価，形成的評価，総括的評価について，それらの目的，時期，方法等をまとめなさい」等の，教職生としてもつべきである基礎的な知識に属する内容と，「アナログデータをデジタルデータに変換する場合に，標本化，量子化，符号化の作業が必要である。音声データを例にして，標本化，量子化，符号化を，普通科の高校生が理解できるように説明しなさい」や「教科『情報』における『モデル化』と『シミュレーション』について，普通科の高校生が理解できるように説明しなさい」等の，生徒に説明することが難しい学習内容に大別している。

3．授業内試験

現在の大学生の試験に対する態度を，大阪電気通信大学名誉教授である石桁正士氏は，「試験の前の丸暗記，試験の最中の丸吐き出し，試験の後の丸忘れ」と批判している。これは，大学生が勉学する目的は，本来新たな知識を得ることでなければならないのに，現状は，試験の成績を上げることに重心を置きすぎている，と憂慮していることを表現したものである。

この傾向は，教職生にも見られる。筆者は，その理由を学び方を学ぶことの重要性について，知識としてもっていながら実際に活用した経験がないことや，成功体験による「やる気」の触発がないこと等が要因ではないかと考えている。

このような現状を改善するために，知識を得るための講義を行う第1ブロックの終了後に，毎回「同一問題」の試験を実施した。毎回同一問題にした理由は，「読書百遍意自ずから通ず」的学習を体験することで，どのような行動を取れば知識を定着させられるかを体験し，良い点を取ればさらによい点をめざしたいという，成功体験によって，やる気を喚起できると考えたからである。つまり，本講義で行う試験は，講義内容を理解し知識として定着しているかの確認をする目的で行うのではなく，受講生に必要な知識を定着させ，継続できる力を身につけることを目的にしている。

試験実施についての事前予告はしていない，いわゆる抜き打ち試験である。

また，自己評価の材料になることを願って，採点済みの解答用紙は受講生に返却している。

下記が実施した試験問題である。なお，解答時間は15分間である。

①本科目で説明した「情報」の定義を記述しなさい。

②本科目で説明した「情報社会」の定義を記述しなさい。

③情報教育の目標である3つの観点とは何か。

④「診断的評価」，「形成的評価」，「総括的評価」の目的，時期，評価方法についてまとめなさい。

図3-1は，試験実施日ごとに点数の推移を表したグラフである。詳しく説明すると，受講生ごとにすべての試験の平均点を計算し，100〜80点をAランクに，79〜70点をBランクに，69〜60点をCランクに，59点以下をDランクとして分類した。続いて，各試験日ごとに各ランクの平均点を算出し，グラフ化したものである。ただし，基礎データはすべての試験を受けた21名にした。

図3-1では，試験回数を重ねるごとに，全受講生の平均点が上がっていくことが読み取れる。

1回目と2回目の点数を比較すると，顕著な伸びを示しているのがAランクの受講生で，緩やかな伸びに止まっているのがDランクの受講生であることがわかる。1回目の点数が低迷しているのは，事前予告なく実施したために，受講生の準備不足が結果として表れていると推測している。つまり，講義を受

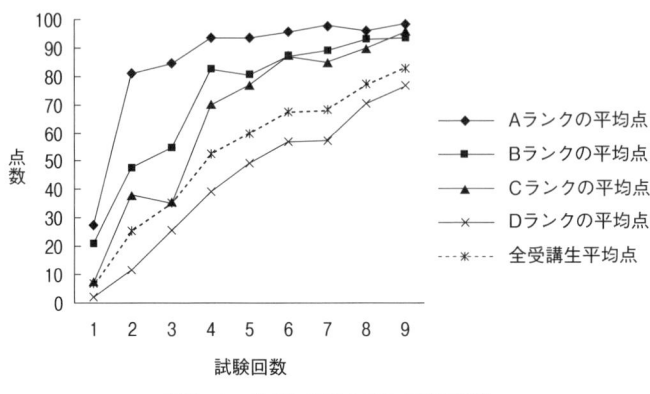

図3-1　各ランクにおける点数の推移

けたものの知識として定着していない状態である。筆者は，1回目の試験終了後に模範解答を示している。これによって2回目の得点の上昇に反映されていると推測する。Aランクの受講生は，講義中ノートに書きとめた内容や模範解答，採点済みの解答用紙を熟読し，知識を定着しようと努力した姿勢が見られるが，Dランクの受講生は，自ら知識を獲得しようとする姿勢が不十分である。

図3-2は，試験の実施日を基準にして，その日の点数をA〜Cランクに分類した人数で表したグラフである。

図3-2からは，1回目の試験では全受講生がDランクであったが，回を重ねるごとにAランクの人数が増え，9回目ではAランクが16名，BランクCランク共に1名，Dランク3名であったことが読み取れる。

この変化は多くの受講生が，どのような自己学習をすれば高得点が取れるのかを，理解したことの現れである。しかし，すべての試験でDランクであった3名については，試験に対して取り組む姿勢に問題があると考えられる。この問題を解明するために，最も高い平均点を取った受講生と，最も低い平均点を取った受講生の点数を比較することにした。比較した結果をグラフ化したものが図3-3である。

図3-3からわかるように，最も高い平均点を取った受講生の点数は，2回目以降安定しているが，最も低い平均点を取った受講生の点数は，バラツキが

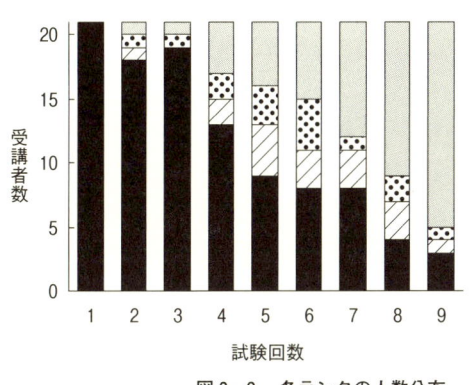

図3-2　各ランクの人数分布

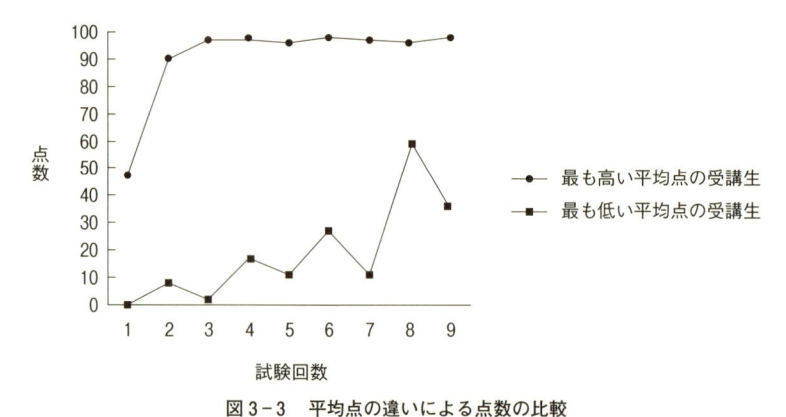

図3-3　平均点の違いによる点数の比較

あり安定した右肩上がりになっていない。

　この図から，最も高い平均点を取った受講生は，自己学習により知識を定着させ，継続できる力を身につけているといえる。しかし，最も低い平均点を取った受講生は，試験直前に暗記した内容を書いているだけで，知識を定着する努力をしているとは考えられない。ただし，高得点を取りたいという期待はもっているので，不安定ながら点数は高くなる方向に向かっている。

　知識を定着させようと自己学習を行う受講生と，行わない受講生が混在する授業では，どのような教授法で進めればよいのかという明快な解答は，まだ確立されていないが，今後この2極化の問題が顕著になると考えられるので，早期に解決をしたい。

4．学習指導案

　一般的に利用されている学習指導案の様式では，どのような能力をもった生徒が学習し，授業を行った結果どのような知識を身につけられるかを，システマチックにとらえにくい。また，筆者が，学習指導案の作成を指導する際にも，一般的な学習指導案の様式では，受講生がどのような考えで作成したかの体系的な理解がしにくい。このような問題を解決するために，教材としての学習指導案を考案した。

考案した学習指導案はＡ３用紙で作成し，左半分は，１．選択理由，２．本時のねらい（50分間），３．本時の指導内容（50分間），４．模擬授業を行う部分のねらい（20分間），５．模擬授業を行う部分の指導内容（20分間），６．授業にあたって，を記入するようになっている。さらに，６．授業にあたっては，①生徒観（生徒の情報，教科「情報」に対する知識・理解，技術，意欲・関心の状況，既習内容など），②指導観（指導方法，指導形態など），③教材観（教材の内容，教材の工夫など），④評価観（評価観点，評価基準，評価方法など）に細分している。右半分は，一般的な学習指導案の様式を「授業進行」という名称で配し，経過時間，学習内容，教師の指導・支援，生徒の学習活動，指導上の留意点，考察（教材・準備等）を作成項目にしている。

　この学習指導案を作成する場合は，左半分を完成させてから，右半分の「授業進行」を完成させるように指導を行っている。これは，「授業進行」を作成する上で重要になる項目を左半分に集約しているからである。

　左半分でも特に重要な項目は，「１．選択理由」「２．本時のねらい」「３．本時の指導内容」「４．模擬授業を行う部分のねらい」「５．模擬授業を行う部分の指導内容」「①生徒観」である。

　「１．選択理由」は，模擬授業を行う目的を明確にするための項目である。

　「①生徒観」は，「授業進行」の入口に当たるレディネス（readiness）であるから，導入部分をどのレベルから始めるかの決定に重要な情報になる項目である。また，授業内容全般のレベル設定にも重要な情報になる。記入する場合は，①例えば普通科高校１年生２学期後半のように，学年・学期等どの時期の生徒が学習するのかを明確にする。②今回行う模擬授業の内容に関して未習内容や既習内容を明確にする。③既習内容であっても，学習内容の理解・定着等が不十分になっている内容を明確に記述する。等に留意する必要がある。

　「２．本時のねらい」と「４．模擬授業を行う部分のねらい」は，「授業進行」の出口に当たるものであるから，授業を行うことによって何を習熟させるべきなのかを決定する重要な情報になる項目である。したがって，模擬授業の中で，教授者が最も重要であると考えた内容を，明確に記述しなければならない。また，「授業進行」の中で，最も時間を費やさなければならない項目でもある。

授業を設計した経験がない受講生が「ねらい」を作成する場合,「ねらい」を多くしすぎる傾向がある。

ねらいを多く設定すると,知識授与だけの教育に陥りがちである。筆者は,生徒が主体的に学ぶことができる学習指導をめざすように指導しているので,ねらいは3つまでとし,各ねらいに重みづけを行うように指導している。

「3．本時の指導内容」と「5．模擬授業を行う部分の指導内容」は,「授業進行」の要約であるので,「授業進行」を作成する上での重要な骨格部分となる項目である。

右半分に配する「授業進行」の内容は,電子回路等の設計図と同様に,できる限り綿密に作成し,他の教師が授業進行を作成した者と同等の授業が行える精度をもつように指導を行っている。実際には,教育実習校の担当教員が,学習指導案を綿密に作成するように指導をするのか,アウトラインがわかればよいと指導するかがわからない。したがって,綿密に作成するトレーニングをしておけば,そこからアウトラインがわかる学習指導案に要約する方が,その逆の作業をするより簡単であるとの考えで行っている。

さらに,授業進行を作成する場合に,①教師から生徒へのZ型の流れができているか,②教師の指導・支援に飛躍がないか,③生徒はメリハリのある学習活動を行っているか,等の点に留意するように指導を行っている。

学習指導とは,生徒が学習活動をなしとげるように計画された教師側の教授活動である。つまり,教師が何らかの指示を出し,生徒は指示を受けて学習を開始する教師主導型の活動である,という考えを筆者は支持している。授業の進行は,教師が何らかの指示を出し,生徒は指示を受けて学習を開始する。一定の結果を生徒が得た時点で,教師は次の指示を出すという活動を繰り返していることになる。この活動を「授業進行」の作成項目で表現すれば,「教師の指導・支援」⇒「生徒の学習活動」⇒「教師の指導・支援」⇒「生徒の学習活動」⇒…となる。この過程を「教師から生徒へのZ型の流れができているか」と表現し,留意するよう指導を行っている。

生徒が理解しやすい学習内容であるためには,「生徒観」で想定した生徒の学習能力に応じて適切な導入を行うことや,模擬授業全般において,既習から未習へ連続的に進行していることが重要である。つまり,教師の指導は,生徒

の学習能力に応じて連続的に進行することを基本にし，枝葉末節に終始しすぎないことや，より重要なポイントを見落とさないこと等に留意する必要がある。この考えを「教師の指導・支援に顕著な飛躍がないか」と表現し，留意するよう指導を行っている。

受講生が授業進行を作成すると，授業内容を重視するあまり，生徒の学習活動が「説明を聞く」「問題を解く」「板書内容をノートに書き取る」等を繰り返す単調なものになりがちである。筆者は，生徒の学習活動にメリハリをつけるべきと考えているので，チームで話しあった結果を発表させる等の学習を取り入れてほしいと望んで「生徒はメリハリのある学習活動を行っているか」とし，留意するよう指導を行っている。

筆者が，受講生の作成する学習指導案を論理的なシステムとしてとらえ確認をする際には，①「選択理由」を読み，模擬授業を行う目的を理解する。②「生徒観」を読み，どのようなレディネスの生徒が学習するのかの想定を知る。③「ねらい」を読み，模擬授業の中で最も重要であると考えた学習内容，つまり学習指導の戦略（strategy）を理解する。④「指導内容」を読み，「生徒観」で想定したレディネスをもった生徒が「ねらい」に達することができるのかを大まかに確認する。④「授業進行」を読み，「指導内容」との差異がないか，授業進行を作成する場合の留意点を守り綿密に設計されているか，つまり学習指導を行うための戦術（tactics）に抜かりはないか，の順に行っている。

5．模擬授業

模擬授業は，生徒が主体的に学習活動を行えるように計画された教授活動のシミュレーションである。したがって，研究発表会のように教授者が一方的に進めてはいけない。また，教授者による生徒の誘導は必要であるが，誘導が強くなりすぎないように留意することも指導している。

模擬授業の開始前に，教授者をつとめる受講生以外は生徒役に徹し，教授者が想定した生徒観の通りに振る舞うように指示をし，全受講生に評価シートを配布する。

評価シートの記入項目は，①授業準備（内容の理解度の深さ，円滑な実施の

準備，授業の工夫など），②授業内容（授業の難易度，授業内容の適切さなど），③授業進行（授業を展開する順序，時間配分など），④教材（PowerPointなどの教材の工夫，利用など），⑤プレゼンテーション（話し方，声の明瞭度，態度，板書の表現など），⑥生徒の状態把握（生徒の観察，双方向性の配慮，授業修正など），総合評価（[　　　]点／100点：この模擬授業全体を100点満点で評価をする。）になっており，①〜⑥項目には5段階評価とコメントを記入するようにしている。なお，総合評価はコメントだけを記入するようにしている。

　教授者をつとめる受講生は，学生番号，氏名，生徒観と本時のねらいの要約を板書し，説明を加えてから模擬授業を始める。

　模擬授業が終了すれば，生徒役の受講生から，今行った模擬授業に対しての意見，質問，改善提案等の質疑応答を行う。筆者が主に質問することは，「マルチメディアの意味を説明しなさい」や「情報通信ネットワークとインターネットは，どのような関係にあるのかベン図で説明しなさい」等の，日常的に使用しない教科「情報」特有の単語を，どこまで深く調べているのかの確認である。質疑応答では多様な意見や質問が出るので，模擬授業内の知識より多くの知識をもっているかを試されることになる。つまり，模擬授業を行うことだけの知識しかなければ，正確な答弁ができないことになる。

　筆者が行う評価は，評価シートに記入しながら，①模擬授業を行って，想定した生徒観をもつ生徒が，ねらい通りの知識を得ることができたのか，②学習指導案通りに授業を進行しているのか，③学習指導案通りに授業を進行していない場合に，軌道修正を行い規定時間内に授業を終了させるように努力しているのか，④日常的に使用しない単語を使う場合に，高校生がわかるように説明しているのか，⑤曖昧な説明をしていないか，⑥間違ったことを教えていないか，⑦質疑応答の際に的確な答弁ができているか，等を中心に行っている。

　生徒役の受講生が記入した評価シートは，最終的に教授者をつとめる受講生に渡している。これで，教授者をつとめる受講生の自己評価と，生徒役の受講生から見た他者評価がそろうことになり，良い点を伸ばし，改善すべき点に気づくための重要な資料になる。つまり，集められた評価シートは，教育実習に行く準備のために必要な資料でもある。また，生徒役の受講生にとっては，他者が授業を行う内容を正確に受け止めるためのトレーニングにもなる。

■ **文　献**

森　毅　1984　塾で学力がつくか　児童心理　特集　学力を高める，1月号，金子書房　p. 109.
新村　出（編）　2008　広辞苑　第六版　岩波書店

4 授業力を育てる教科教育法
―中学校社会科教育法―

辰己　勝

1．学習指導要領と社会科教育法

(1) 社会科の学習指導要領

　1998（平成10）年に改訂された中学校学習指導要領においては，いわゆる「ゆとり教育」のもとで，社会科の地理・歴史・公民の3分野の学習視点が大きく変わった。それは3分野の枠組みは維持しつつ，知識偏重にならないように留意すること。広い視野に立ってわが国の国土や歴史，政治や経済などに関する理解を深める一方で，生徒自らが主体的に学ぶ学習の展開が求められた。その基本事項は，①内容の精選，②学び方を学ぶ学習の充実，③変化する社会への対応，④3分野を関連づけて扱う項目の設定，の4点であった。また，「総合的な学習の時間」が新たに設けられたため，年間の授業時間が少なくなり，1年と2年は140時間から105時間に，3年は75〜105時間が85時間になった。

　これに対し2008年に告示され，2012年度から完全に実施される新学習指導要領では，総合的な学習の時間や選択科目の時間が縮小され，社会科の授業時間数は3年間で55時間増加する。内容も見直され，①基礎的・基本的な知識，概念や技能の習得，②言語活動の充実，③社会参画，伝統や文化，宗教に関する学習の充実，の3点を重視した。随所にゆとり教育からの変換が示された。

　現在の大学生のうち，現行の学習指導要領に準じた教科書を使って授業を受けたのは，2008年の高校卒業生からで，2010年に在学している学生の半数近くにあたる。今後2，3年で大半の学生が現行のゆとり教育のもとで中学の授業

を受けてきた世代になる。しかしながら、これらの学生が教壇に立つときには、新学習指導要領による新しい教科書のもとでの授業を教えることになる。そのために、大学の教職課程の授業では、それにも対処できるような対策を講じなければならない。

　以下には、受講学生の社会科に対する意識や実情と、社会科教育法の授業の中で行った地理的分野の「身近な地域の調査」と、公民的分野の「私たちと現代社会」の調べ学習の事例を中心とした実践例を紹介したい。それらは、現行の学習指導要領の前記の②～④や、新学習指導要領の②・③の具体的な実践例となるものである。

(2) 中学校社会科免許取得者の動向

　勤務校の過去3年の免許取得者を表4-1に示した。このうち、2008年度卒業生の免許取得者477名のうち、中学校社会科は93名で、中学校理科（102名）に次いで多かった。免許取得者の約2割が中学校社会科の免許を取得したことになる。また、中学校社会科と同時に高校地歴科・高校公民科の免許取得のためには、教科教育法とそれぞれの教科に関する科目等を追加履修することで可能となるため、多数の学生が2教科または3教科の免許を取得している。

　中学校社会科の免許の取得は、教育学部や文学部以外でも大半の文系学部で取得が可能である。表4-2に示した勤務校における免許取得者の学部別の割合を見ても、2008年度は法学・経済・経営学部での取得者が3分の2近くを占めており、文芸学部（文化学科）の学生の数を大きく上回っている。

　また、2008年度から法学部で副専攻制が導入され、教職を副専攻にする学生が増加しつつある。

表4-1　免許取得者数（近畿大学〈法・経済・経営・理工・文芸・農学部〉）

年度	免許取得者数（全教科）	中学校社会	高校地歴	高校公民
2006	421	65	65	46
2007	457	82	81	57
2008	477	93	89	49

注：中学校社会，高校地歴，高校公民は重複して取得が可能で，それぞれの取得者数を示している。

表4-2　学部別の中学校社会科免許取得者数

年度	法学部	経済学部	経営学部	文芸学部	計
2006	18	12	23	11	65
2007	22	26	18	16	82
2008	23	26	19	32	93

(3) 社会科免許取得のための開講講座
1) 教科教育法

　勤務校では2007年度入学生よりセメスター制の導入で，教科教育法もすべて2単位で，前期と後期に分けて開講することになった。中学校社会科，高校地歴科，高校公民科の免許所得のためには，2年生からの受講で，「社会科・地歴科教育法Ⅰ」と「社会科・公民科教育法Ⅰ」の計4単位を必修とした。そして中学校社会科は「社会科・地歴科教育法Ⅱ」または「社会科・公民科教育法Ⅱ」のどちらかの計6単位の修得が必要で，高校地歴科の取得のためには，「社会科・地歴科教育法Ⅱ」を，公民科免許の取得のためには「社会科・公民科教育法Ⅱ」の計6単位が必要となる。したがって，3教科すべての免許取得のためには，必修の4単位のほかに「社会科・地歴科教育法Ⅱ」と「社会科・公民科教育法Ⅱ」の両方を履修することが条件（合計8単位）になる。一方，それらの履修を終えた3，4年生を対象に「社会科・地歴科教育法Ⅲ」と「社会科・公民科教育法Ⅲ」を開講している。模擬授業を中心とした授業の実践演習を行い，教育実習と採用試験を目前に控えた学生が熱心に受講している。

2) 教科に関する科目

　中学校社会科免許取得のための教科に関する科目は，「日本史および外国史」「地理学（地誌を含む）」「法律学，政治学」「社会学，経済学」「哲学，倫理学，宗教学」の各領域に分かれている。領域ごとに，各学部で指定する専門科目や共通教養科目，それに教職課程で開講する科目を選択履修し，28単位以上の修得を義務づけている。履修上の問題点としては，文芸学部を除くと，教職課程で開講している地理や歴史関係の科目は，学部の専門科目の時間割の空いた時間にばらばらに受講をする傾向が強く，計画的・系統的な学習形態になっていないことである。言い換えると，学年，学期を問わず免許取得に必要な単位数

を確保するために時間割を組み，授業内容への関心が二の次になることである。

2．社会科教育法受講生の実情

筆者が担当している社会科教育法関係科目と，教科に関する科目の受講生96名にアンケートを行った。そのうち，得意分野と不得意分野に関する回答を図4-1に示した（複数科目の受講生も回答は1回のみにした）。

図からもわかるように，得意，やや得意と答えた項目を3分野で比較すると，歴史的分野では20％を超える学生が得意とし，やや得意を含めると60％になっている。これに対し，地理的分野では得意が5％，やや得意を含めても32％にとどまっている。逆に不得意が16％あった地理的分野では，やや不得意を含めると34％の高い比率になっていることが判明した。

その理由を調べると，地理では得意と不得意で相反する答えが多かった。地図を見ることや，日本や世界各地の様子がよく知ることができて楽しいという学生がいるのに対し，不得意な学生は地図が苦手，地名の暗記が多いなどの理由をあげた。さらに，注目すべきことは，高等学校で履修しなかったという理由が多く，同じアンケートで高校での選択科目を聞くと，7割近い学生が，高校で地理を習っていないと答えた。これまで高校での地理履修状況の調査（辰己，2005 a b）と同様で，地理の履修率の増加は見られなかった。

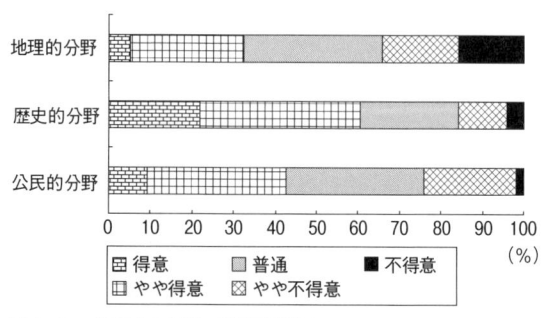

図4-1　**分野別の得意・不得意状況**（2009年10月調査，回答数96名）

歴史が得意と答えた学生は，日ごろから興味をもっていることや，人物や文化に魅力がある，テレビや漫画でなじみ深いのなどの理由が多かった。また，高校では日本史を選択し，受験勉強をした学生が多いことや，文芸学部で歴史関係の専攻学生がいることも，得意とした学生が多いことを裏付けている。

　公民的分野については，現代の社会問題と関わっているから，自分の専門分野（法学・経済・経営学部の学生）と関連するから得意分野であるとの答えがあったが，一方で教科の内容に興味・関心がもてないので不得意であるという回答もあった。

　全体として見ると，地理的分野は不得意の理由が明確であった。さらに高校・大学でも地理の講義を受けていない学生が多く，地理の教科書や地図帳を手にするのが中学以来であったことである。その結果，地理を教えるための基礎知識の不足が大きな問題として浮かび上がった。しかしながら，実際の教育実習では，地理的分野を担当する場合も多く，地理の不得意を解消することが急務となった。

3．地理的分野での実践例

(1)「身近な地域の調査」の必要性

　現行および新学習指導要領においても，「身近な地域の調査」については，地理的分野の目標で，「地域調査などの具体的な活動を通じて地理的事象に対する関心を高め，さまざまな資料を適切に選択，活用して地理的事象を多面的・多角的に考察し公正に判断するとともに適切に表現する能力や態度を育てる」と明記され，「地域調査」は，課題を設けて行う学習や作業的・体験的学習の代表例と位置づけられている。また，歴史的分野の目標にも「身近な地域の歴史を調べる活動を通して歴史に関する興味・関心を高め，さまざまな資料を活用して歴史的事象を多面的・多角的に考察し公正に判断するとともに適切に表現する能力や態度を育てる」とし，地域への関心を高め，受け継がれてきた伝統や文化の特色を理解する学習が重要とされている。また，高等学校地歴科の学習指導要領にも地域調査を実施することが規定され，その手法や事例も多数公表されている（井上ほか，1999．星村，2002）。

現行の教科書では，各社とも地理的分野の「身近な地域の調査」の章は，資料収集，調査項目，事例地域の新旧の地形図や写真の判読，統計資料を用いての図表の作成，野外調査の方法，調査のまとめと発表などに20ページ前後を当てている。また，歴史的分野の教科書（東京書籍発行）では，時代に応じた遺跡や史跡，博物館の見学，古い町並み歩き，明治・大正期と現在の地図と写真の対比から見る町の変化，などの作業的・体験的学習のページを各章ごとに多数入れて，身近な地域の歴史を調べることを強調している。

　しかしながら，地域調査は，教師にとって指導しにくい分野として認識されていることが多い。それは自分たちの身近な地域が，教科書に載っている事例と異なることが多く，また，生徒の関心もさまざまで，その指導方法に苦慮することが多いからであると指摘している（井田，2008）。

　それを克服するためには，まず教師自身が学校周辺の地理的・歴史的特徴を把握することからはじめねばならない。そのためには学生時代に実際に自らが野外調査を体験し，その手法を身につけ，地域に対する愛着をもつ必要がある。

(2) 地域調査のための事前学習
1) 旧版地形図の収集

　過去の地域の状況を知る手段としては，市史・郷土史とともに，旧版地形図が役に立つ。わが国では明治20年頃から東京・大阪で作製がはじまり，明治末までには平野部の5万分の1，2万分の1地形図が完成している。その後，5万分の1と2万5千分の1の2種類の地形図が，期間をおいて改測・修正が加えられて国土地理院から発行されている。それらの一部は複製本となり，図書館等で閲覧できる。また，地形図を使った地域の解説書や地名辞典等も多数刊行されており，調査地域の文献研究ができる。学生には，調査地域の旧版地形図の入手と，現在市販されている地形図の購入を求めた。

　一方，入手した地形図から何が判読できるかを教える必要があったので，1講義時間を割いて，大学周辺の旧版地形図と現在のものを対比しながら，地域の変化を読み取る練習を行った。図4-2は，そのうちの2枚で，昭和の初期と高度経済成長期のもので，都市化の進展等が著しいことを読み取らせた。その際，水田や畑などを着色をさせた。地図上には自宅付近，駅前や学校などの

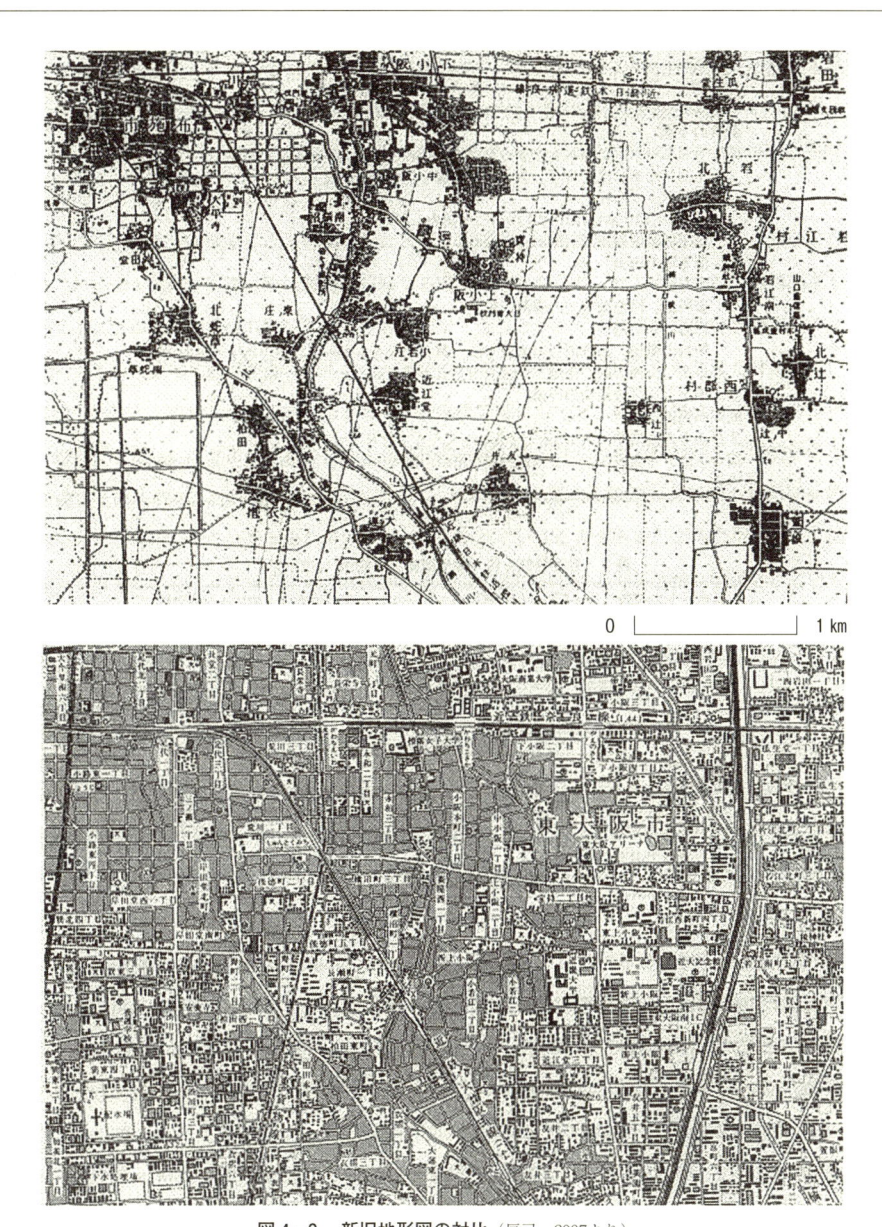

図4-2 新旧地形図の対比(辰巳,2007より)
(上図昭和4年修正測量,下図平成10年修正測量,1:25,000「大阪東南部」を縮小)

目印になる地点を設け，それぞれ地点での土地利用の変化や，道路や鉄道，学校や病院の増減などを調べさせた。

2) 統計資料の活用

学生の多くは，まずインターネットで地域の概要を調べている。そこには統計資料も見出せるが，過去のものを見つけるためには，図書館や役所へも足を運ばねばならない。できれば市史類がそろっている地元の図書館を利用したい。入手した統計類からは，どの資料がその地域の変化を示しているかを判断し，主なもののグラフを作成することが重要である。発表時には，数字だけの提示では不十分で，模造紙に大きく拡大して描いた地図やグラフを使って説明することを促した。

実際の中学校の授業では，調査のまとめの段階で，生徒の共同作業として大きな地図やグラフを作成する時間を取り入れるのは有効である。その手法も学生時代に身につけておきたい。

(3) 学生による地域調査の実践

社会科教育法が通年科目であった時期には，学生は夏期休暇を利用して課題として調査を行い，その成果を9月以降の授業で発表した。しかし，セメスター制により，2008年度以降は前期と後期に複数開講している「社会科・地歴科教育法Ⅰ」の授業の中でそれを組み入れた。

調査地域は学生が教育実習に赴く中学・高校の学区・地域を設定させた。これは，大半の学生に出身校で実習をするように指導しているため，幼いときからのなじみ深い場所があり，最近の町の変化を肌で感じることができるからである。

地域調査の統一テーマは「地域の変容」とし，地域の歴史にも目を向け，特に明治時代から現在までの地域の変化を調べさせた。旧版地形図には土地利用ごとの着色をして，地域の変化を明瞭に表現できるように指導している。そして図書館等での収集資料も合わせ，時代とともに変化した事柄や場所，およびその要因を考察させている。

途中経過の発表については前期は6月半ばから，後期は11月半ばから実施した。発表は同じ地域のものをまとめ，教壇に立って一人10分程度で行っている。

その際，入手した地形図等を黒板に貼って，調査地域を示しながら，説明を行い，資料の棒読みにならないように留意させている。一方，聞く側の学生には，発表者一人ひとりに対する感想やアドバイスを発表評価票（資料4-1）に書いてもらい，後日それを発表者に渡すという方法をとっている。

現地調査では，自分の足で歩いて調べることが最も重要で，聞き取りや，写真撮影を行い，古い地図と照らし合わせて地域の変化を調べ，それをメモしていく。歩くときには，「アリ（虫）の目」をもってどんな小さなことでも見落とさないように歩くこと。一方，地域を大きく上空から見る「鳥の目」も忘れずに持ち合わせることを強調している。

調査のまとめは，収集した地図や資料と現地調査をもとにして，レポートとしてまとめ，最終授業時に提出させている（資料4-2参照）。

これらの実践によって，学生は地域調査の手法を身につけ，同時に地域の抱えている問題にも注目することができた。発表の最後には必ず地域の課題とそれに対する自分の考えを述べ，レポートにもそれを明記することを指示した。作成した地図やレポートは，教育実習や実際に教壇に立ったときに役に立つものとなっている。

しかしながら，通年で行ったときに比べ，夏期休暇の課題とできないため，特に自宅外通学者は現地調査の実施時間を得られなかった。また，準備不足が目立ち，文献やインターネットのみからのレポートがあることが課題として

資料4-1　発表評価票の例

月　　日	記入者（　　）学部（　）年（　　　　）
（発表者）（地域・テーマ）（準備・内容・話し方）（感想，アドバイス等）	

資料4-2　社会科・地歴科教育法「地域調査」の要領

1．レポートの本文の内容
　　A4判，3000字以上，ワープロ作成の場合は1枚に1000字程度
　　1）地域の概要と調査方法（簡潔にまとめる）。
　　2）調査結果（地形図から判明する地域の環境変化等を時代ごとにまとめる）。
　　3）現地の状況（現地調査または資料収集で明らかになった事項をまとめる）。
　　4）調査地域の今後の発展とその課題等について，提言をまじえてまとめる。
2．添付資料
　　1）地形図（現在発行のものを購入）に調査地域の土地利用別の着色等の作業をしたもの。
　　2）同じ図を拡大コピーし，実際に歩くコースを設定したルートマップ。
　　3）旧版地形図，特に明治・大正・昭和期のものに，土地利用等の作業をしたもの。
　　4）統計資料から作成したグラフ，図表とその簡単な解説。
　　5）実際の調査での写真，スケッチまたは資料からの写真の転載（出典，資料名を明記すること）。
　　6）その他の入手資料（すべてに出典をつける。大判の地図等では発表時に使ったものは，提出不要）。

資料4-3　指導計画の作成

単元計画「身近な地域を調べよう」について次の項目を中心に10時間程度の指導計画を立てる。
　　①地形図の読み方，資料の収集方法
　　②課題の発見，予想・仮説の設定
　　③現地調査の項目・資料のグラフ化
　　④調査結果の発表
　　⑤今後の町のあり方への意見集約
　　　　　　（例）1時間目の単元構成

時	学　習　内　容	留意事項	作成したレポートの参照頁
1	資料収集の方法と調査項目の決定 1）東大阪市小若江地区の新旧地形図，統計資料，写真の収集 2）既存の地図や写真で地域のイメージを説明し，調査項目を選定する	1）図書館・資料館，インターネット等を利用 2）あらかじめ教師自身が準備した資料で，地域の概要を説明し，テーマを考えさせる	1．地域の概要 2．調査項目 （旧版地形図・統計資料から作成した図を参照）

残った。

　レポートの作成と同時に，学習指導計画の提出を課している。それは教科書の「身近な地域の調査」の章を授業する際に学生の調査事例を入れた単元計画（10時間程度）である（資料4-3参照）。

　なお，「社会科・地歴科教育法Ⅱ」では，中学校の教科書を使った年間指導計画，単元計画，学習指導案の作成を行ったのち，各自に模擬授業を課し，教育実習に備えている。

4．公民的分野の実践例

　公民的分野の実践例として「社会科・公民科教育法Ⅰ」の中での事例を紹介したい。現行の学習指導要領の内容をうけて，教科書の第1章は「私たちと現代社会」となっている。この項目を中心に調べ学習の手法を身につけることと、新聞を利用した授業の一例である。

(1) 班別に行う調べ学習

　「社会の変化を調べよう」というテーマで，約40名の受講生を6班に分け，各班に次の項目から一つずつを選ばせた。

> 電化製品の普及，交通手段の発展，情報通信機器の発達，休日の利用，漫画・アニメの流行と変遷，食生活の変化，国際化の進展

　班ごとにテーマが重複しないように話しあい，さらに，項目の中から各自が一つの事項を調べるように指示した。情報機器の班であれば，家庭電話・携帯電話・パソコン・インターネット・通信衛星などの事項を一人ずつ分担する。

　発表は，各班の持時間を1講義時間として，全員が教壇に立って発表することを義務づけた。また各班に図表を中心とした1・2枚のレジュメを作成させて全員に配布した。

　受講者は，発表者ごとに発表評価票（前項と同様のもの）に気づいた点，アドバイスを中心に記入させ，ただ聞いているだけという時間をなくした。

発表後のレポートには，まず，各自が調べた事項について図表等を使って詳しく記載することを要求した。次に，その事項をもとにして，「私たちと現代社会」の実際の授業で，1時間の授業をするときの指導案（本時案）を作り，レポートとともに提出させた。このような取り組みは，中学の公民的分野や高校での現代社会の授業を担当するときに役立つものである。

(2) 新聞を用いた作業学習

作業学習の一例として，新聞記事を使った自作新聞の作成を行った。その要項を資料 4-4 に示した。これは，現在の中学生に関心がありそうな公民的分野に関する記事を選んで切り抜き，A3 または B4 の用紙に貼り，それについ

資料 4-4　新聞作成の要項

新聞記事を用意し，それを基にした新聞（社会科通信）を作る。
1）記事は現代社会，政治，経済のうち，中学生にとっても身近な話題。
2）B4判1枚に，新聞記事を貼る（全体の1/4程度）。
3）それについての，「その記事の注目すべき点」「解説」等を書く。
4）「関連した事項」「参考事項」について調べ，まとめる。
5）下段に社説（ここでは自分の意見）を書き，空白には宣伝等を入れてもよい。

```
                    ＊＊新聞
                       発行日・発行所
  新聞記事（貼り付ける）

  【注目点】      【解説】




  【関連・参考記事】




  【社説（意見）】


```
＊本文は縦書きにすること

ての解説や自分の意見等を書いて完成させるものである。

このような取り組みは，社会科以外でも行われているが，新聞記事を選ぶこと，それに自分の考えを述べることで，最近の社会事情にも関心をもたせることができる。できあがった新聞は，一人5分程度の発表時間をとり，みんなの前で紹介する時間を設けた。実際の教室ではポスターセッションなどを行うのも有効である。

以上のように社会科教育法の授業では，学生自身が身近な地域への理解と愛着を深め，社会の変化に目を向けることを強調してきた。そして，実際の教育現場では，学生時代に行った実践をもとにして，地域や社会の現状に対応しながら，授業を進められる教員となることを期待している。

■ 文 献

相澤善雄 2006 地理授業研究 古今書院
朝倉啓爾・伊藤純郎・橋本康弘 2008 中学社会をよりよく理解する。 日本文教出版
星村平和（監修） 原口智仁（編著） 2002 社会科教育へのアプローチ―社会科教育法― 現代教育社
井田仁康 2008 身近な地域調べ～地域の特徴を見出す方法～ 朝倉啓爾・伊藤純郎・橋本康弘（編） 前掲 pp. 131-136.
井上征造・相澤善雄・戸井田克己（編） 1999 新しい地理教育のすすめ方―見方・考え方を育てる 古今書院
二谷貞夫・和井田清司 2007 中等社会科の理論と実践 学文社
竹内裕一・加賀美雅弘（編） 2002 身近な地域を調べる 古今書院
辰己 勝 2005a 大学での「地理学」受講生の現状と講義内容 近畿大学教育論叢，16-2, pp. 51-61.
辰己 勝 2005b 高等学校で地理を履修したか？―大学での受講生のアンケートから 地理，50-7, pp. 42-47.
辰己 勝 2007 社会科教育法における「地域調査」の実践について 近畿大学教育論叢，18-2, pp. 39-49.

授業力を育てる教科教育法
―小学校国語科指導法―

坂口　豊

1．はじめに

　私の講義，教職共通講座「国語（書写を含む）」では，15コマのうち前半の8コマは硬筆・毛筆の基礎的な技法の習得にあて，後半の7コマでは現行小学校国語5社の教科書の分析比較を行い，その後，学生が実際学校現場に立ったときに実践してみたい指導の方法やプランについて考えるように計画した。

　この論考では，後半部の「伝統的な言語文化」の育成という新指導要領の改訂の重要事項に焦点をあてて実践したことについて述べる。

　新しい学習指導要領では，いままで「言語事項」としていた事項を「伝統的な言語文化と国語の特質に関する事項」と改めた。従来の「言葉の特質やきまりに関する事項」の前に「伝統的な言語文化に関する事項」を位置づけている。

　具体的には，
低学年では「昔話や神話・伝承などの本」，
中学年では「易しい文語調の短歌や俳句」
　　　　　「ことわざや慣用句，故事成語など」，
高学年では「親しみやすい古文や漢文，近代以降の文語調の文章」
　　　　　「古典について解説した文章」
を扱うようになっている。

　これは，英語という外国語を5・6年生に指導することと対比的に，日本古来の伝統文化の尊重ということをねらっているとも思われる。低学年で神話を

中学年で俳句・短歌をというように，現行より下の学年でこれらの日本古来の言語文化を取り上げることで，より多くの日本的な伝統文化に親しませるという意図が十分推察できる。

学生にはこのような指導要領改定の経緯を説明したあと，現在使われている教科書

　　光村図書出版：以下「光村」とする
　　東京書籍　　：以下「東書」とする
　　学校図書　　：以下「学図」とする
　　教育出版　　：以下「教出」とする
　　文教出版（大書）：以下「文出」とする

を使い，我が国古来の短歌・俳句の指導状況をさぐるため，現行教科書の分析に，35名の受講生を5つのグループに分けて行わせた。分析を通して「指導上の問題点」をとらえ，自分が実際指導するとしたらどのように改善するか「改善の提案」まで考えさせた。さらに「具体的な指導の方法」まで編み出すように計画した。以下は，その取り組みの概要である。

2．現状の教科書での「短歌・俳句」の取り扱いの状況

表5-1「短歌・俳句の扱われ方」は，点検項目「指導学年」「使用頁」「内容」について，まず家庭学習で各個人が問題点をまとめておき，その後授業中にグループごとに整理させた。各班からの問題点を黒板に書き出させ，共通する内容をひとくくりにしてまとめていった。以下はその結果である。

指導上の問題点
　○短歌・俳句についての解説に割いている頁に大幅な差がある。
　○一番詳しいのは教出で45行，最も少ない東書は9行である。
　○使用頁では，最も多いのは学図と教出の6頁。少ないのが光村の2頁。
　○対象学年は，東書のみ5年上と最も早い段階での採用となっている。他は6年上である。
　○取り上げている短歌の数は，最も多いのは教出の8首。少ないのが学図で

2．現状の教科書での「短歌・俳句」の取り扱いの状況

表5-1　短歌・俳句の扱われ方

教科書会社名	指導学年	使用頁	内　容
光村	6上	2頁	2段組の説明文があり30行当てている。短歌2首俳句2句を取り込んで解説している。 合計12作品（短歌6・俳句6）
東書	5上	3頁	まえがき風に説明文9行あり。後は，短歌と俳句の最初の作品のみ3ないし4行の解説をして，後はそれぞれの作品を掲載しているだけ。 合計12作品（短歌6・俳句6）
学図	6上	6頁	説明文37行と代表的な作品を短歌で2首と俳句で2句取り込んでいる。 合計7作品（短歌4・俳句3）
教出	6上	6頁	45行の説明文。代表的な短歌1首・俳句1句を本文に取り込んでいる。 その後，川柳の説明に9行当てている。 合計21作品（短歌8・俳句9・川柳4）
文書	6上	4頁	12行の説明文のあと初めから3作品についての解説をつけている。 14作品（短歌7・俳句7）

4首。

○俳句は，教出は俳句9句に加えて川柳4句も取り入れて13句で最も多く，少ないのは学図の3句。

○短歌・俳句をあわせての取り上げ数では，一番多いのは教出の21作品，少ないのは学図の7作品と3倍もの差がある。

この後，全員でどのように改善すべきか検討を加えていった。それをまとめたものが以下である。

改善の提案

①新学習指導要領では中学年から短歌・俳句に親しむようにさせるようになった。短歌・俳句学習の入門としてわかりやすい内容にすることが重要である。そのためには，頁数は学図・教出のように十分確保したい。

②学習の時期としては，現在の学習時期6上からみて，4年生の後半が適切と考える。もし，3年生で学習するとしたら，暗唱を中心として児童が楽しく学習できる作品が望ましい。

③我が国が世界に誇る文化の一つである短歌・俳句を大切にする心を育成するという思いが伝わる内容にしたい。

④ことばのもつ力やことばのもつおもしろさを体感できる内容になるようにしたい。また，ことばの魅力を学習するなかで，ことばの大切さを実感させたい。それが，いじめや不登校児童生徒などの問題解決の力の一助になるかもしれないからである。

3．短歌・俳句の概説の仕方の違いについて

短歌・俳句についての概説の解説を丁寧に取り扱っている会社とそうでない会社の差が大きいように思われる。解説にあてているページ数からもそれは歴然としている。文出の12行が最も少なく，一番多く割いているのが教出の45行である。

そこで，各教科書の解説部分を列挙したプリント表5－2「短歌・俳句についての解説の内容」を指導者から配布してその違いを通して課題を追求させた。その結果が以下である。

指導上の問題点

○短歌と俳句を別々のものとして解説しているスタイルがすべてである。これでは，短歌・連歌・俳句という生成の流れが不明瞭である。

○百人一首など比較的なじみのあることがらを解説の中に取り入れているのは文出のみであるが，もっと他社でも取り上げるべきである。

○短歌・俳句が世界的に認知されていて，多くの人々が実作していることにもふれたい。

改善の提案

①普段の生活にあまりなじみのない教材を取り扱うのであるから，可能な限

3．短歌・俳句の概説の仕方の違いについて 65

り，短歌とは何か，俳句とは何か，の易しい説明がいるであろう。

②短歌が連歌に引き継がれ，連歌の発句が俳句（俳諧）となったという道筋が明確になるともっと理解が得られやすい。

③万葉集の最初の雄略天皇の雑歌「籠（こ）もよ　み籠持ち　ふきしもよ　みぶくし持ち　この岡に　菜つます児（こ）　家聞かな・・・」を取り入れたい。歌は短くて覚えやすく，かつ歌に出てくる名前の大切さは，現代にもすぐ通じる事柄でもあるからである。

表5-2　短歌・俳句についての解説の内容

光村	「短歌と俳句は，どちらも五音と七音の組み合わせによってできる短い詩です。遠い昔に生まれて，今もその形が守られ，わたしたちの生活の中に生き続けています。 （この後，志貴皇子と藤原敏行の短歌を取り上げ解説した後） 短歌は，五・七・五・七・七の三十一音から成ります。長い間にわたって，たくさんの人がその中に喜びや悲しみを歌いこんできました。 （その後，俳句について芭蕉の句をとりあげて句の解説という風に展開する。）」
東書	「短歌と俳句は，ともに日本独特の短い詩です。短歌は五・七・五・七・七の三十一音，俳句は五・七・五の十七音で表現されるのがふつうです。 短歌には，奈良時代の終わりに，「万葉集」という歌集が作られてから，今にいたるまで，千年以上の伝統があります。 俳句は，江戸時代に入ってさかんになり，松尾芭蕉によって確立されました。俳句には，季節を示す「季語」をいれるという約束があります。」
学図	「短歌と俳句は，日本の伝統的な詩です。短歌は，五・七・五・七・七，合計31拍，俳句は五・七・五，合計17拍が原則です。 短歌ができたのは七世紀です。そして，八世紀後半には「万葉集」，十世紀初めには「古今集」，十三世紀初めには「新古今集」という歌集が作られています。 俳句は，十七世紀，江戸時代の初期に，松尾芭蕉が出てから，さかんに作られるようになりました。俳句では，「季語」という，季節を表す言葉を入れて作るのが，古くからのならわしとなっています。」
教出	「わたしたちが今，ふつう「詩」といっているものは，明治十五年ごろに始まった，わりあい新しいものです。これに対して，ずっと昔から人々に親しまれてきたものに，短歌と俳句があります。 短歌は五・七・五・七・七の三十一音で作られます。千三百年以上の昔に始まり，奈良時代の終わりには，「万葉集」という歌集も作られました。」
文出	「短歌と俳句は，日本独特の詩です。短歌は五・七・五・七・七の三十一音，俳句は五・七・五の十七音で表されるのが原則です。わたしたちが日ごろ使っている言葉とはちがった文語が出てくる場合がありますが，文語には独特の美しいひびきがあります。 短歌は，千年以上の歴史をもち，奈良時代の末の「万葉集」，平安時代の初めの「古今集」などが，代表的な歌集です。正月に遊ぶ「百人一首」も，鎌倉時代に選ばれたものです。」

4.「取り上げられている短歌」について

　教科書に取り上げられている短歌そのものの「作者」「作品」「時代」について表5-3「教科書に出ている短歌」をもとに分析したものが以下である。

(1) 作　　者
　掲載されている作者は20名。

(2) 作　　品
　24作品。複数の教科書会社が取り上げている作品は5首で，そのうち3社が取り上げている作品は2首ある。

　　人麻呂　　東の野にかぎろひの立つ見えてかへりみすれば月かたぶきぬ
　　　　　　　　　　　　　　　　　　　　　　　　　　　　　　　　（3社）
　　晶子　　　金色のちいさき鳥のかたちして銀杏ちるなり夕日の岡に（3社）
　　志貴皇子　石走る垂水の上のさわらびの萌え出づる春になりにけるかも
　　　　　　　　　　　　　　　　　　　　　　　　　　　　　　　　（2社）
　　橘　曙覧　楽しみはまれに魚煮て児等皆がうましうましといひて食ふ時
　　　　　　　　　　　　　　　　　　　　　　　　　　　　　　　　（2社）
　　茂吉　　　みちのくの母の命を一目見ん一目見んとぞただにいそげる
　　　　　　　　　　　　　　　　　　　　　　　　　　　　　　　　（2社）

(3) 時　　代
　　飛鳥時代　　　　5名
　　平安時代　　　　1名
　　江戸時代　　　　3名
　　明治時代　　　　2名
　　大正時代　　　　8名
　　昭和時代　　　　1名

4．「取り上げられている短歌」について

表5-3　教科書に出ている短歌

歌人	句	発行所
持統天皇	春過ぎて夏きたるらし白たへの衣ほしたり天の香具山	学図
柿本人麻呂	東の野にかぎろひの立つ見えてかへりみすれば月かたぶきぬ	文出・東書・教出
志貴皇子	石走る垂水の上のさわらびの萌え出づる春になりにけるかも	教出・光村
山部赤人	田子の浦ゆうち出でて見れば真白にぞ富士の高嶺に雪は降りける	教出
阿倍仲麻呂	あまの原ふりさけみればかすがなるみかさの山にいでし月かも	文出
藤原敏行	秋来ぬと目にはさやかに見えねども風のおとにぞおどろかれぬる	光村
良寛	五月雨の晴れ間にいでて眺むれば青田すずしく風わたるなり	東書
	かすみたつ長き春日に子供らは手まりつきつつこの日暮らしつ	教出
大隈言道	ねこの子のくびのすずがねかすかにもおとのみしたる夏草のうち	文出
橘　曙覧	楽しみはまれに魚煮て児等皆がうましうましといひて食ふ時	文出・教出
正岡子規	くれなゐの二尺伸びたる薔薇の芽の針やはらかに春雨のふる	東書
伊藤左千夫	両親の四つの腕に七人の子を搔きいだき坂路登るも	教出
与謝野晶子	金色のちいさき鳥のかたちして銀杏ちるなり夕日の岡に	学図・教出・東書
	夏のかぜ山よりきたり三百の牧の若馬耳ふかれけり	光村
斉藤茂吉	みちのくの母の命を一目見ん一目見んとぞただにいそげる	文出・光村
前田夕暮	ひまわりは金の油を身にあびてゆらりと高し日のちひささよ	学図
北原白秋	いつしかに春の名残となりにけり昆布干し場のたんぽぽの花	東書
四賀光子	ひぐらしの一つがなけば二つなき山みな声となりて明けゆく	文出
若山牧水	白鳥はかなしからずや空の青海のあをにも染まずただよふ	光村
石川啄木	たはむれに母を背負ひて 　　　そのあまり軽きに泣きて 　三歩あゆまず	教出
木下利玄	街をゆき子供の側を通る時蜜柑の香せり冬がまた来る	光村
俵　万智	バス停で礼儀正しくふるさとの言葉をつかう少年に会う	東書
	自転車のカゴからわんとはみ出してなにか嬉しいセロリの葉っぱ	学図
	今日までの私がついた嘘なんてどうでもいいよというような海	文出

指導上の問題点

○橘曙覧の作品が2社に採用されているが児童には理解し難い内容ではないか。もっと児童の生活に近いものがほしい。

○平安時代の作品がきわめて少ない。百人一首の中にも多くの有名な歌があるのであるから，もっと採用すべきではないか。たとえば「人はいさ心も知らずふるさとは花ぞ昔の香ににほいける」（紀貫之）などである。

改善の提案
　①平安時代のものが少ない。また，百人一首からの作品をもう少し取り入れたい。
　②郷土に関わる作品も取り入れたい。たとえば
　難波潟みじかき蘆のふしのまも逢はでこの世をすぐしてよとや（伊勢）
　音に聞く高師の浜のあだ波はかけじや袖のぬれもこそすれ（紀伊）
　難波江の葦のかりねのひとよゆゑみをつくしてや恋ひわたるべき

（皇嘉門院別当）

などである。

5．俳句について

次に俳句について，教科書に取り上げられている「作者」「作品」「時代」について分析を行った。以下がその結果である。

(1) 作　　者
取り上げられている作者は15名。同一作者のもので異なる作品があるものは，
　芭蕉が3句。　　　　一茶が3句。
　子規が3句。　　　　碧梧桐が2句。
　虚子が2句。　　　　汀女が2句。
　誓子が2句。　　　　以上7名。

(2) 作　　品
作品数は25句。複数の教科書会社が取り上げている作品は，3句で
　芭蕉　　閑さや岩にしみ入る蟬の声

5．俳句について

表5-4　教科書に出ている俳句

歌人	句	発行所
松尾芭蕉	閑さや岩にしみ入る蝉の声	文出・東書
	五月雨を集めて早し最上川	光村
	古池や蛙飛びこむ水の音	教出
服部嵐雪	梅一輪一りんほどのあたたかさ	教出
加賀千代	月の夜や石に出て鳴くきりぎりす	文出
与謝蕪村	菜の花や月は東に日は西に	光村・学図・教出・文出
小林一茶	雪とけて村一ぱいの子どもかな	東書
	ひざの児の頬べたなめる小てふ哉	教出
	大根引大根で道を教へけり	文出
正岡子規	柿くへば鐘が鳴るなり法隆寺	教出
	赤蜻蛉筑波に雲もなかりけり	光村
	梅雨晴れやところどころに蟻の道	文出
河東碧梧桐	赤い椿白い椿と落ちにけり	学図
	この道の富士になり行く芒かな	教出
高浜虚子	夏の蝶日かげ日なたと飛びにけり	東書
	流れ行く大根の葉の早さかな	光村
中村汀女	外（と）にも出よ触るるばかりに春の月	光村
	とゞまればあたりにふゆる蜻蛉かな	東書
中村草田男	万緑の中や吾子の歯生え初むる	教出・光村・学図
山口誓子	さじなめて童たのしも夏氷	文出
	夏草に汽缶車の車輪来て止まる	東書
篠原鳳作	しんしんと肺碧きまで海の旅	文出
黒田杏子	白葱のひかりの棒をいま刻む	東書
芝　不器男	卒業の兄と来ている堤かな	教出
黛　まどか	妹を泣かして上がる絵双六	教出

　蕪村　　菜の花や月は東に日は西に
　草田男　万緑の中や吾子の歯生え初むる
の作品である。

(3) 時　　代

江戸時代の作品が5作者9句。明治期が3作者7句。昭和期7作者9句。

指導上の問題点

　○児童には「この道の富士になり行く芒かな」「しんしんと肺碧きまで海の旅」は意味が捉えにくいと思われる。

　○俳句ということばを定着させ，明治以降の俳句の隆盛の源となる正岡子規の句をもっと採用すべきである。

　○児童の生活に近い句がもっとほしい。

改善の提案

　①小動物にも温かい目を注いだ小林一茶の句「雀の子そこのけそこのけお馬が通る」「やれ打つなはへが手をする足をする」なども採用したい。

　②子規がその実力を再発見した，浪速生まれの与謝蕪村の句をもっと採用したい。「春の海ひねもすのたりのたりかな」「ぼたん散ってうちかさなりぬ二三片」など。

　③子規の友人で，子規に俳句を教わった文豪夏目漱石の句もいれたい。「こがらしや海に夕日をふき落とす」など。

　ここまでの「分析」「指導上の問題点」「改善の提案」までは，各グループや全体で討議して一定の方向性を得ることができた。しかし，予定より時間がかかったこともあり，当初学生に考えさせるはずの具体的な指導法については指導者から提案することにした。以下はその内容である。

6．短歌や俳句を取り入れた具体的な指導の方法

(1) 日常的な取り組み（言語環境の醸成）
1) 朝の会での1分間スピーチ

　昨日のできごとを「初め・中・終わり」を意識して話すようにする。話の最後に5・7・5でまとめるようにする。

（例）題「ノーベル賞にかがやいたオバマ大統領」
　昨日のできごとで驚いたことは、オバマアメリカ大統領が「ノーベル平和賞」をもらわれたことです。（はじめ）
　なぜかというと、オバマさんは大統領になって1年もたっていないのにこんなすばらしい賞をもらわれたからです。賞を受けた理由に核兵器のない世界にしようと全世界に呼びかけたことが大きいとテレビのニュースで聞きました。（なか）
　わたしも、どんな賞でもいいから何かもらえるようがんばりたいです。（おわり）
　「ノーベル賞もらってにっこりオバマさん」

2）終わりの会での1分間スピーチ

　学校内の出来事から話す材料をみつける。
　今日の学校生活のできごとを「初め・中・終わり」を意識して話すようにする。話の最後に5・7・5でまとめるようにする。

（例）「ろうかの掃除をがんばっていた江夏さん」
　昼のそうじ当番で江夏さんは、かいだんのすみのすなぼこりを、小ぼうきでていねいにはいていました。（はじめ）
　わたしだったら、長ほうきではくだけなのに、江夏さんは長ほうきでろうかをはいた後を、すみの砂がたまったところをていねいにはいていました。時間がかかりめんどうなのに、ていねいにはいていました。はいた後は階段がとってもすっきりしていました。（なか）
　わたしも、次のそうじ当番のときにやってみようと思いました。（おわり）
　「すみっこもはいて心もそうじする」

3）短歌の朗詠

　毎日、万葉集の中から短歌を1首選んで、学級全員で朗詠する。朗詠した短歌は黒板の右隅に一日中残しておく。
　短歌は使っている教科書やそれ以外の教科書も参考にして選ぶようにするとよい。または、日直が次の日の朗詠する短歌を決めるようにしてもよい。この場合、百人一首や万葉集の中から教師があらかじめ歌集を制作しておき、そこから選ばせるようにするとよい。読む節は教師が模範をしめすが、要は指導者が朗詠を楽しむ雰囲気が大切である。なお、筆者は犬養孝先生から大学院時代集中講義で教わった体験があるので、犬養節をまねている。CDがあるので参

考にされるとよい。

(2) 国語の時間での取り組み
1) 物語文の学習で読み取りを俳句でまとめる

新美南吉の「ごんぎつね」はすべての教科書で採用されている。この作品の場面ごとを5・7・5の俳句風にまとめるようにすると、楽しく要約する力が養成される。場面のキーワードをさがし、5・7・5にするようにすると、そう難しくはない。

たとえば、（一）の場面では、主人公のごんが、苦労して病気の母のために取った兵十のうなぎや魚をいたずらで川ににがすところがある。その場面を「苦労してとったさかなを川に投げ」とか「おふくろの願いのうなぎいたずらし」「苦労したうなぎは母に食べられず」などと俳句風にまとめさせる。子どもたちは、5・7・5にまとめようとする過程で、本文を繰り返し読むようになるとともに、この場面での大事なことばさがしをすることになる。どの言葉を使ってまとめるかという作業が楽しく進められることができるのである。

2) 有名な作品を使い、自分の言葉に置き換える

「この味がいいね」と君が言ったから7月6日はサラダ記念日（俵　万智）

この短歌は口語体であり、子どもたちにもすぐなじむことができる。そこで上の短歌をもとに子どもたちに短歌を作らせるのである。

「　　　」と「　　」が言ったから「　」月「　」日は「　　　」記念日

「　」の部分に言葉をいれるとすぐに短歌が詠めるのである。

(例1)「すごくあまいね」と弟がいったから「6」月「6」日は「ぐみ」の記念日
(例2)「真っ赤な実がきれい」と「母」が言ったから「10」月「7」日は「ざくろ」記念日

3) 行事作文で、俳句・短歌を随所に取り入れた作文を書く

行事作文を書かせるとき、ややもするととりとめもないだらだら文がつづくときがある。このような時段落ごとに俳句や短歌的にまとめて書かせるとねらいのはっきりした文章となる。

遠足作文の例
「きゃあかわいい。」
奈良の東大寺へ，わたしたちは歴史の勉強をするため，遠足にやってきたのだ。
でも，わたしたちは，勉強しに来たはずなのに，鹿に会いにきたみたいだ。
一頭の子鹿が，母親らしい鹿のおなかに顔をつっこんでいた。お乳を探しているみたい。
栗色の　子鹿のせなか　さみしそう　まだあまえたい　人の子のよう（以下略）

4）百人一首をもじって「20人一首」（「五色百人一首」とも言う）をグループで作り，ゲーム化して遊ぶ

　百人一首では，100枚もの取り札を暗記する必要があるが，20人一首では20枚の札を覚えればいいので，容易にできる（さらに易しくするには10人一首でもいいであろう。学級の実態にあわせてすればいい）。読み札・取り札をつくる作業も子どもたちは楽しく取り組んでくれる。札に色鉛筆で彩色するとさらに華やかになる。

　さらに，自分たちのつくったと札をすべて暗記できたら，他のグループと交換してまた新しく覚えればいい。こうして，ゆっくりと楽しんで百人一首に馴染むことができる。なお，この20人１首を取り上げた結果，集中力がついたり，仲間づくりができたりと国語科以外の成果が見られているケースも多く報告されている。

　以上が，この講座での概要であるが，グループ活動を取り入れることで，受身的な授業からの脱皮に少しはなったと思われる。私は可能な限り，講義一辺倒に陥らないよう，今後も学生の本来的にもっている能力が発揮できる授業形態を模索していきたいと考えている。

6 人生(教育)から問われて生きる実践へ[1]
―「実践的」という常套句の陥穽を超えて―

岡本哲雄

1. はじめに

　2006年の中央教育審議会答申「今後の教員養成・免許制度の在り方について」(文部科学省，2006)は，冒頭で，今後の生涯教育時代を見通して教員に「既存知の継承だけでなく未来知を創造できる高い資質能力を有する人材を育成すること」など，創造性の基盤をつくる教育を担うことを求めている。当然ながら教師に創造性がなければそのような教育を担うことなどできない。ところが，答申は，一方において専ら学校現場からの要請を受け取る形で，「教員としての最小限必要な資質能力」，すなわち「支障なく」教員としての職務を果たせる能力を具備させることを養成段階に強く求めている。このことは本当に教師の創造性を担保できるものとなるであろうか。この論理的な不明確さは放置されたまま，「実践的指導力の養成」と称した「現場」への稚拙な適応教育が養成段階のすべてを支配する勢いを見せているのではなかろうか。

　学校「現場」は，確かに児童生徒との交わりの中で，何かが「現に」生起している場所であり，尊重すべきものである。だが，今日の「現場」至上主義（6年制教員養成構想の中にも依然とて見られる）は，きわめて危ない側面をもっている。今日の「現場」は，過度の官僚的統制もあって，すぐに問題解決を迫られる場所である。そのため，そこに生じている問題の多義性・重層性は，学校の日常で習慣化された思考様式や言語体系（しばしばそれは学校文化に独特の言語習慣や心理学・精神医学の専門用語など）にからめとられ，固定的なイ

メージに回収されてしまうのである。したがって，このような「現場」の言語体系（固着化した文化）になじませようとするだけでは教師の創造性は育まれえないのである。むしろ，過去の創造的文化や異質な価値にふれ自分の人間観や教育観を折に触れて批判的に更新する生の構え，すなわち〈教養〉の形成を教師教育の中核としなければならない。もちろん〈教養〉[2]とは，単に幅広い知識を調和的に身につけることではない。そのつどの状況下で，歴史的な視野から事象や問題の本質的な意味を多角的に掴み，思慮深く，洗練された言葉でそれを語り直せる素養が磨かれている状態，もしくは磨いていくことを表している。そのような〈教養〉が「現場」を更新できる判断と行動を可能にするであろう。事実歴史上の優れた教育者たちは意味豊かに言葉を紡ぎ出し，「現場」を創造的文化の土壌へと耕して多くの教育者たちを導いてきたのである。けれども今日，商業主義や成果主義の浸透によってますます目的合理性が支配する「現場」においては，このような文化は壊滅的に崩壊しているか，もしくは最初から芽生えてすらない。今日，我々は近代化の中で「進歩と適応」をひたすら求めてきた大衆教育の時代から，一人ひとりの「目覚めと創造」のための生涯学習の時代へと教育は歴史的転回を遂げてゆかねばならないが，そのためには，学校や教師（再）教育を取り巻く環境に，教えられようとしている知識の意味の発見や教育的行為そのものの意味の再発見を促すことを可能にする創造的文化が醸成される必要がある。それは探究的教師相互の切磋琢磨の習慣と学問的奥行きとの接触が保障されることによって初めて可能になる。しかし，このことに関心すら向けられず，眼前の問題解決の処方箋探しに追い立てられているのが大方の「現場」の状況であり，「現場ではそんな理想は通じません」「多忙な現場ではそんなことまでできません」などと現状の現実を前提にした思考法から一歩も出ることがないのである。

考えてみれば，これまで小中高の学校教育が「現場」と呼ばれ，その特権性が悪戯に称揚されてきたのは何とも奇妙な習慣である。一方で社会や学校から遊離した客観的な知の体系があり，他方に「実践的」で有用な知があるというのはまったくの先入観にすぎない。その意味で，理論−実践関係のあり方がこれまでも探求されてきたとはいえるが，しかし今日「実践的」という常套句で指示される内容は明らかに「現場」で求められる目標を効果的に実現できる「技

術的合理性」に大きく傾斜している。そして，このような「技術的合理性」の尊重は，多くの場合，同じように目的合理性を政策実現レベルで追求してきた近代国家の官僚主義と容易に結びついて共犯関係を築き，学校システムを支配しているのである。実際，今日の大学改革や教育改革において求められる「政策-実践」という圧力は，もはや実践から理論的反省への回路をたどる余地すら与えずに，「実践的であれ」というスローガンとともに，教育を思考停止状態に陥れているといっても過言ではない。すなわち，「実践的」という常套句は，本来，不確実でとらえどころのないはずの教育の現実に，単純な「理論-実践」の因果関係をもち込み，その現実をコントロールした気にさせるが，実のところその現実の豊かさを隠蔽し，それ以上の説明を禁止させる（explanation stopper）のである（Van Manen, 1999）[3]。

さて筆者は，このような問題意識をもちながら，このような理論-実践関係のアポリア（行き詰まり）を乗り越える道を模索している。その中で，教育者が何を目標に，どのような方法で被教育者に働きかければ成果が得られるか，といった近代教育に支配的な思考様式，つまり教育の主体・客体の分裂を前提にした「方法主義」を自明の前提とせず，むしろ，そこに揺さぶりをかけることが必要だと考えている。まず自分の人生を生きるという実践に自覚的になることから始め，それを他者（次世代）とともに生き，成長しあうことへの悦びと他者の成長の媒介者となる使命感へと繋げることを目論んでいる。つまり，学生一人ひとりが「自己自身であること」「人生（教育）から問われて存在していること」に目覚めることを願って講義や演習を試行錯誤しながら進めようとしている。さらに敷衍すれば，「何のために自己は生きるのか」「何のために教育に携わるのか」を問わせる機会をつくり，一人でも多くの学生が「人生から問われて生きる」，ひいては「教育から問われて生きる」ことの自覚に目覚めるように工夫しようと努めているのである。なぜなら，この目覚めを契機として，教職と教科に関する教養形成を発動させることが養成段階における最も重要な使命だと考えるからである。以下では，大変稚拙ながら，その試みの一端を披瀝したい。

2.「道徳の教育」から「教育の道徳(倫理)」へ

　「道徳教育の理論と方法」の授業では，その一部において学生自身が自ら「生きる意味」を考える機会を設けている。その理由は，大人のあり方が不問に付されたまま「道徳の教育」の目標や方法が問われるのは，そもそも問いの方向が間違っており，まず，それを担う大人世代に「教育の道徳」(＝大人世代が，どのような人生態度で教育に関われば，子どもの人間形成を促すことができるのかについて思慮をめぐらし，それに応えていくこと)が問われなければならない，と考えているからである(和田，1998)。このことは実に当然のことであるにもかかわらず，近代教育の目的合理主義の中ではほとんど問われることがないのである。大人世代が自らの姿勢を省みることなしに，うまくいく道徳教育の方法などというものは存在しない。家庭・学校・社会の連携を通じて，学校の教育活動の全体を通じて行うという「全面主義」の理念のもとに道徳教育の「全体計画」を立て，その「補充・深化・統合」を役割とする「道徳の時間」を「要(かなめ)」として「道徳教育」を「推進」するのが，現行の学習指導要領に示された(基本的には1958年の「道徳の時間」特設以来，一貫して示されてきた)行政が示す「青写真」なのである。よしんば，教師集団がこの「青写真」をそつなく遂行したとしても，あるいは巧みなプロジェクトを構想し実行に移したとしても，それは形式的なことに過ぎない。問題は個々の教師の自らの人生や教育への構えである。

　1996年の第15期中央教育審議会の第一次答申以来，「21世紀を展望した我が国の教育の在り方」は「生きる力」というスローガンに集約され今日に至っているが，「道徳」の学習指導要領においてもこの「生きる力」が，中学校の場合23項目の「道徳の内容」(徳目)に詳細に敷衍されているのである。もれなく完璧を期そうとする官僚的配慮と従来からの徳目主義があいまって，「総花主義的」「網羅主義的」傾向を生ぜしめ，かえって問題の本質をぼやかしてしまっている。確かに，「生きる力」は全人的な力であろうから，さまざまな要素に敷衍されてよいのであるが，それは「力」である限りにおいて，当然，実体化された徳目(到達点)そのものを指しているのではない。そうではなく，

本来「力」という以上，人格全体が「生成する働き」そのものを意味していることに注意をはらう必要がある。そうであるなら「生きる力」の衰退は，徳目が十分に教育されていないことによるのではなく，そもそも人格の中心から多方面に発揮されるはずのエネルギーそのものの衰退（人格の中心に灯っているはずの「種火」そのものが弱っていること）によるものだと考えざるを得ない。ここではこのことについての詳細な人間学的考察は割愛せざるを得ない。けれどもそれが，その人格独自の唯一無二の「生きる意味」の実感であることは，論拠を示すまでもないであろう。幼い赤ん坊のとき以来，人間はこの世界に受容され，自らの唯一無二性を肯定される（一般には「愛される」と表現される経験）とき，初めて旺盛な好奇心でこの世界を探検し，自ら関係性を構築して生成し始めるのである。ここを基点として歩まれる人生の道程で，常に「意味」を求めて格闘しその喪失との振幅を経験しながら，同じように自らの独自の「生きる意味」を模索して生きてきた大人の姿がモデルとなって，それを媒介にして，子ども自身の「意味」はそのつど新しく発見され更新されていくのである。

　子どもの「生きる意味」を奪っている時代精神の問題（それは多分に大人のあり方の問題）への十分な自己批判もなく，「生きる力」を細分化した到達目標を徳目として掲げるだけでは，道徳教育が上滑りになり空転することが必至である。近代の学校教育そのものが基本的に近代以来の啓蒙主義的発想でできあがったシステムであり，徳目の提示という発想そのものがそのことを示している。「全面主義」をいくら強調したところで，そのこと自体が目的合理主義の中に絡めとられている。そこには目的を直接つかみ取ろうとする意図過剰が招き寄せる悪循環がいつもつきまとう。寝ようとすればするほど眠れなくなる不眠症の悪循環のように。

　学生の多くが，学習指導要領に記載された「道徳教育の内容」に関して，「ここにはすべて〈正しい〉ことが書いてあり文句のつけようがないが，これをすべて実行するのは気の遠くなるような話である」という感想を漏らす。たしかに，それは美辞麗句で埋め尽くされている。最終的に官僚の眼を経て作成されるわけであるから，どこにも「水漏れ」のないように完全を期して文章化されるため，どうしても「総花主義的」「網羅的」にならざるをえない。その上問題は，「〈正しい〉ことを実践に移すべし」という「語り」で埋め尽くされ，そ

のことが，かえって現代の時代状況の問題を根源から問い立てて思考するという回路を閉ざそうと働いていることである。つまり，「なぜ，その〈正しさ〉が実践したくてもできないのか，何がそれを阻んでいるのか」についてはほとんど語られない。その結果，結局は，「実践的」な努力不足が問題の本質であるかのような印象を与えることになる。このような「総花主義」と「時代批判の欠如」は，現場の教師を表面的な意味で「実践的」に駆り立てるばかりで，「何が今教師に本質的に求められていることか」「自分はどのような人生態度で教育に向き合うべきか」を考える機軸を見失わせてしまうのである。

開放制の教員養成課程，特に教員養成を目的とする学部のない大学における教職課程の受講生には，将来，教師になる学生もいれば，そうでない学生もいる。教員養成を顕在的なカリキュラムの目的としながら，将来，教員にならずに社会や家庭で大人として生きていく学生たちにも教育について考えさせ，その使命を自覚させるという役割は，家庭や地域の崩壊が学校のそれよりも早いといわれる今日の状況下では，ますます社会的に大きな意味をもっている。次代を担いうるのは，真に「人生（教育）から問われて生きることのできる大人」へと成長する若者たちなのある。

3．問いかけへの準備

以上のような願いをこめて，まず受講生に「生きる意味」をめぐる筆者の問題意識をつづった文章を読ませ，その後の問いかけに備えさせる。以下にその一部を示しておこう。

価値不確実時代に生きることの難しさと「生きる意味」

私たちは，何のためにこの世に生まれ出てくるのでしょうか。もちろんそんなことは誰にもわかりません。けれども，私たちが，この時代に，男として，女として，この親の子どもとして……たまたま生を受けたこの偶然に何か意味があるのでしょうか。そんなことをふと思うことがあるので

はないでしょうか。少なくとも，この世に自分の意志で生まれ出てくる人がいない以上，人間が生きるということには，そもそも，「存在の深い謎」が最初から含まれているのです。もちろん，病気になったり，死に直面したりすると，人間は，いったいどこから来てどこに行くのだろうか，と考えることがあります。他の動物とは異なり，人間はそういったことに思いを巡らせるただ唯一の動物なのです。人類のさまざまの文化や芸術には，このような人間の存在の不可思議さを表現しようとしたものが沢山存在します。でも，このような「存在の深い謎」は，普段の日常生活では忘れ去られています。「勉強しなければ…」「美味しいものが食べたい…」「お金がほしい…」などということにもっぱら意識が向けられ，そんなことは考えても無駄だし，考えるだけ愚かしいことのようにも思われています。けれども，そんなことをこれっぽっちも考えていない日常の歩みの足元に，実はこの「存在の深い謎」は隠れているのです。

　（中略）

　一家にテレビや自動車があるのがあたりまえの暮らし——それは地球上で，ひと握りの人に許された豊かさなのです。それにもかかわらず，私たちの多くは生きることのむなしさを感じています。自分が今ここに生きている意味が分からない。自分なんていなくてもいいし，別に自分じゃなくて他の人でもいいじゃないか。

　（中略）

　科学技術の発展は，すべてのことを人間に可能にするように見えます。技術的にはクローン人間を作ることも生殖を操作することも可能になりました。お互い匿名のまま責任を伴わないコミュニケーションが手軽にできるようになりました。現代はまさに「すべてが許されている」時代かもしれません。しかし，すでに述べたような私たちが今抱えている「生きる意味」の危機を直視すれば，「すべてが許されている」というのは表層の事柄であることがわかるでしょう。「すべてが許されている」という表層のもとに，同時にその深層において「すべてが虚しい」時代＝「意味の危機」の時代に私たちは生きているのです。

> 参考文献　山田邦男著　『生きる意味への問い―』　佼成出版
> 　　　　　池田晶子著　『14歳からの哲学―考えるための教科書』トランスビュー
> 　　　　　上田紀行著　『生きる意味』　岩波新書

　いきなり問いを投げかけると「生きることの意味」が何を意味するのか，学生の側にイメージが描きにくい。多少「指示的（ディレクティヴ）」ではあるが，導入の意味で以上の文章をまず読ませることにしている。しかし，この時点でそれが十二分に理解されたかどうかは厳密に問わない。それは，以後の授業の中で理解できるように進めることとし，ここでは「生きることの意味」への問いがどのような問いであるのかについての漠然とした共通認識を獲得できればよい。その上で，以下のような問いを投げかける。

4．問いかけと応答―「思慮」を発動させるために―

> Q　あなたは，自分が「生きることの意味」について考えたことがありますか？
> 　　ある人・・・それはどのような時ですか？　それについてどのような答えを
> 　　　　　　　見出しましたか？
> 　　ない人・・・どうして，あなたは考えたことがないのだと思いますか？

　ひどく短絡的かつ不躾な問いかけである。「生きることの意味」について一定の答えがあるわけでは毛頭ない。にもかかわらず，一定の答えがどこかにあるという先入観を植えつけているかもしれない。また，書かせるのにそれほど多くの時間を与えない。せいぜい20分程度である。それでもあえてこの問いを突きつけるにはそれなりの意図がある。そのことについては後述するとして，学生からの回答のごく一部（紙数の都合上）を示しておこう。なお，特に筆者が着目した箇所に下線を引いている。

〈ある〉と答えた学生の回答文

　今，地元を離れて一人暮らしをしながら，生活をしていてふと家でぼんやりしていたときに考えたことがあります。私がこの世に生まれてきたのは，いろいろなことが重なり合って，両親の間に生まれてきたのだと思います。なので，自分の一生が終わるまでに多くの人と出会い，夢を実現しようと努力すること，その他いろいろなことをすることによって<u>この世に少しでも自分の生きた証を将来の人に残していくことが生きる意味だ</u>と今は思います。

　常日頃から考えています。答えとしては，「生きる意味」などというものはないのではないかと思います。なぜなら，<u>もともと宇宙の誕生自体に意味などというものはなく，人間の存在というものは，その延長に過ぎない</u>と思うからです。

　いろいろ考えていくうちに，家族や兄弟は選べないということもあり，「生きている」というよりか，<u>人間には垣間見ることのできない何か偉大な力によって運命という名のもとに「生かされている」</u>のではないかという風なことを感じるようになりました

　父が死んだ時。3年前に末期がんであることを宣告されたときには，自分が生きることの意味について深く考えさせられました。今まで何事もなく，一緒にいるのが普通だと思っていた人が突然いなくなるということ，長男として妹や弟，そして母を支えていかなければならない。自分がしっかりしなければならないと心に刻みました。生きたくても生きられない人が居るという事を学び，<u>今を大切に一生懸命生きよう</u>と思いました。

　親に自分を否定されたとき。……「何のために生きているのか」について，ずっと答えはわかっていない。けれども何かの本に書かれていた「あ

なたはそこにいるだけでいいんだよ」という言葉に少しだけ救われたことは確かだ。

　何回もあって，よく分からないけれど，大体は落ち込んでいるときや目標を達成して新たな目標に自分の可能性を見出しているときだと思います。そのときに「これからどうしよう」とか「何で生きているのかな」と思ったりする。僕の場合は，クラブの試合前になると切り替えてそれしか見えていないからです。

　親に自分が生まれたときのことを聞かされたとき。私は，2日間もかけて仮死状態で生まれてきた。しかし，運よく何の障害もなく，生活して生きています。それを聞いて自分は生かされていると思いました。運命を信じるわけではないが，人は何かをするために生まれてくるのだと思う。それは一人ひとり違う。だから，生きていることが生きる意味であると思う。

　恋人と一緒にいるとき。生きる意味とは愛し愛されることだと思います。今の恋人が，私が生きていく上でずっと一緒にいる人になるのかどうか分かりませんが，今生きているうえですごく必要です。……愛し愛されることで，次の世代への種を残すことができますので，今生きている私たちにとって，次の生命にバトンを渡すことが生きる意味だと思います。

　ありますが，それが何か？　質問の意図がわかりません。自分の生きている意味について誰でもほいほい言うような，軽薄な生き方を私はするつもりはないし，ほいほい言えるような薄っぺらな答えなど私は願い下げです。私は生きる意味も答えも言葉より行動で示します。言葉で示すこともできますが，この小さな紙一枚では無理です。もっとも言葉で言える方もいるでしょう。しかし，この限られた時間と限られた枚数内で言ってもらおうというのは，失礼かもしれませんが，生徒に不誠実ではないでしょうか。

私はからだが弱く昔からよく入院をしてきました。……子どもの頃から生きる意味については何度も悩んできました。その頃は"生きる"ということに意味があると考えていました。しかし，大学生になった今，また悩んでいます。私は恋愛で人を傷つけてしまいました。今はそのことで悩んでいて生きる意味が分からなくなっています。答えを見つけることができません。だから今，必死になって生きる意味をさがすために生きています。

　受験など，「みんながするから自分もする」ように，自分がまわりから何かを無理やりさせられているときにしばしば考えます。……「なぜ大学へ行くのか」→「いい会社に就職するため」→「なぜいい会社に就職するのか」→「高い給料をもらうため」→「なぜ高い給料をもらいたいのか」→「将来楽をするため」となりますが，次の問い，「なぜ楽をしたいのか」や「単に楽をするだけでよいのか」となると，そもそも自分は楽をするために生きているのかを考え，最後には何のために生きるのかを考えます。どう頑張っても答えは見つからないので，「なぜこんなことを考えているのか」を考え，結局いつも振り出しに戻ります。

〈ない〉と答えた学生の回答文

　今まで，今が楽しければいい，今を過ごすことで忙しくやることがやみつきになり，このように改めて「生きる意味」という大きなテーマについて考えることができていなかったと思います。また自分ははっきりした答えが出せないので，考えないようにして毎日過ごしていたのだと思います。

　ない。というより考えない。考えても「この世に命を授かったから」とか「楽しさを見つけるため」とか，なんかくだらないことしか思いつかない。もし本気で考えると難しく，意味が分からなくなると思う。たとえ答えが出ても，漠然としすぎて，得しないと思う。だから，「生きる」を小さな分野に分けて，つまり目先の人生について考えるようにしている。そ

れならば，答え簡単に出て取り組みやすい。

　考えたことはありません。なぜかというと，いま自分が生きていることで精一杯で「生きる意味」というものを考えるよりも，生きていかないといけないという使命感みたいなものはあります。

5．相互主観的な理解へ

　回答を書かせた次の週には，以上のような無記名の回答集を学生に配布し，読む機会を与える。週に複数コマ担当する「道徳教育の理論と方法」の受講生のすべてを網羅できるわけではないが，問いに対して真摯に向き合った種々の回答のそれぞれの固有性を尊重し，あえて類型化などせずできるだけ多くの回答を提示することを心がけている。そのことによって，学生一人ひとりが同世代の人生観に触れて刺激を受け，相互主観的に各々のパースペクティヴが広がることを期待してのことである。多くの学生が，「普段は友達同士でそのような話をすることはまずないが，案外みんな真剣に考えているのだ」という驚きの感想をもらす。実際，決して充分な時間を書くために与えているわけではないが，それにもかかわらず，毎年，読み応えのある回答，考えさせられる内容が返ってくることは，事前の筆者の期待を上回るものであった。それゆえ，さらに2007年度からは「〈生きる意味〉を考えるワークショップ―相互主観的な理解の深まりをめざして―」と題して，回答集を読んだ後に，各人がそれぞれ「改めて考えたこと」を文章化させた後にそれをもち寄り，5～7名程度のグループで，意見交換とディスカッションのため時間を設けている。その際，議論の記録をとらせるとともに，それぞれのグループとして「〈生きる意味〉を考える際に大切だと考えるポイント」を5点リストアップさせ提出させるようにしている。その意図は，すべての回答の表現を交差させた結果，いくつかの共通の着眼点や対立点を抽出することにある（後述）。

　さて，これを読むことで，読者は，学生たちの人生観のほんの一端を垣間見たに過ぎないのだが，それにもかかわらず，個々の人生状況に対する畏敬の念

を禁じえないのである。それは、「意味」に飢えている若者、「意味」への対処の仕方をめぐって迷悟する若者の姿がそこにあるように思え、そのことへの共鳴が生じるからである。たとえば、「この限られた時間と限られた枚数内で言ってもらおうというのは、失礼かもしれませんが、生徒に不誠実ではないでしょうか」という率直な意見にこそ、「生きることの意味」の問題に対する誠実さを感じるのは筆者だけではなかろう。先に、あえて短絡的で不躾な問いを学生に突きつけたといったが、それは、このような反応も含めて、学生の率直な反応を引き出すための、半ば確信犯的な仕掛けのつもりであった。回答集を読むに当たり、学生には配慮すべきいくつかの点を示している[4]。

そして最後に、グループごとに提出された5つのポイントを整理し、次回の授業の冒頭に提示する。ある場合には、グループでの抽出の仕方の問題を指摘しながらではあるが、学生が抽出した共通の着眼点や対立点をもとに、たとえば、最終的に次のようにまとめ、ワークショップの成果として相互主観的理解を共有することを試みている。

①「生きる意味」について、どんなときに考えているか？
・日常生活の中で「ふと」「漠然と」
・幼いころから、断続的に
・受験など人生の転機がきっかけで
・他者の死など、何か突発的なことが身近に起こったとき
・赤ちゃんが生まれるなど、心打たれるようなできごとに遭遇したとき
②「生きる意味」の答えについてどう考えるか？
・最終的に（人生の最期に）一つの答えが見つかるものなのか（抽象的な観念として成立するのか）
・人それぞれ違っていてよく、一つの答えなど存在しないものなのか（むしろ具体的な行動で示すものなのか）
③「生きる意味」自体をどのようなものとしてとらえるのか？
・自己実現という側面から考えるか（「自己のため」に考えるか）
・他者との関係において考えるか（「自己は何のため」から考えるか）

- 生きていること自体，存在していること自体にすでに「意味」があると考えるか，
- 努力して作り上げていくもの（構成していくもの）として考えるか
- 人生の各々の状況下で発見していくものとしてとらえるか
- 生きていること自体に「意味」はなく，生きることの不安から逃れるために生きていることを後から理由付けているに過ぎないと考えるか

④「生きる意味」の根拠についてどう考えるか？
- この「世界」の内部における他者や仕事や自然との関係が根拠なのか
- この「世界」を超えた何ものか（「宇宙」「神」「永遠」などと表現されてきたこと）との関係から考えるべきなのか（「宇宙」全体に意味はあるのか，ないのか）
- 世代から世代への時間のつながりにおいて考えるべきなのか（生命をつなげることが生きる意味なのか）

6．人生（教育）から問われて生きる実践へ

　このような試みは，あくまで，この授業で「生きる意味」の問題にどのように向き合うかをお互いに考え，思慮を深めるためのきっかけとしているに過ぎない。この後，それぞれの「語り」の内容を参照しながら，それぞれの「生きる意味」の問題への向き合い方に思いをめぐらす機会をつくる。そして，以上のような共通の着眼点や対立点の確認をまとめることによって，まだ荒削りながら，自分たちの考えの中にすでに「生きる意味」について思慮を深めるためのさまざまな貴重な契機が，いわば多様な窓口として存在していることを自覚させる。さらにその後，一つの導きの糸（20世紀に「生きる意味」について熟考した思想上の遺産の一つ）として，20世紀ウィーンの精神科医，哲学者のフランクル（V. E. Frankl；1905-1997）の「実存的空虚」の克服と「人生の意味についての問いの観点のコペルニクス的転回」の思想[5]を講義するとともに，私たち一人ひとりの問題として考えるに促すことにしている。

　一人ひとりの自覚がそのことによってどのくらい深まるのかは測りようがな

い。また短期的な効果を求めるのも本意ではない。あくまで，5～10年後をにらんで一石を投じることに意味がある。「私は，教育（子ども）に何かを期待する」ということが問題なのではない。期待することを「目標」にして，それを実現するための「手段」としての期待を教育にかけ，またそのようになるように期待して働きかける「対象」として子どもを捉えることが重要なのではない。そうではなく，ひるがえって「教育（子どもとともに生きるこの状況）は，私に何を期待して（呼びかけて）いるのか」と問いの観点を転回することが重要なのである。そこで教育を担うものの「責任（答責）性」がつちかわれ，大人（教育者）の「意味を感受する器官（＝良心）」が洗練されていくのである。

そして，このことをいくつかの具体的な教育の場面を例示し考えさせる。5歳で母を失い，自暴自棄になった少年に向き合い，彼がおかれた状況の文脈に即して，人間的成長の機会を次々と拓こうとする幼稚園の先生の例。「あなたの息子が家の窓ガラスを割った」という苦情を鵜呑みにし，頭ごなしに叱りつけてしまった息子と，反省的に思慮深く和解する父親の例。発達の遅れの度合いを測定しようとする一人の心理学者の冷たい眼差しや息づかいを感じ取り号泣する子どもを，見るに耐えかねて膝の上にのせて慰めるもう一人の心理学者の例。偶然教室に差し込んだ太陽光線が鋭い三角形を形成したのを自ら興味深く観察し，とっさに反射とプリズムの授業を始め，生徒の関心を釘付けにする新任理科教師の例。こういった実例を通して「意味器官」を洗練させることが，大人＝教育者としての「思慮深さ（thoughtfulness）」（その時々の状況の文脈を読み取り，唯一無二の「意味」を感受するセンス）と「教育的タクト（pedagogical tact）」（その時々の状況における唯一無二の「意味」を実現する判断力と機転）の形成に繋がることを示唆しておく。

「方法」の意味を深く受け取り直すなら，それは目的を成就させるための手段を意味するのではなく，ハイデッガーが言うように，状況の中に隠れている「真理（意味）」がおのずから明るみに出されるように配慮することに他ならない。ソクラテス―プラトン的にいえば，そのような「魂への配慮」は，教育者の人生の真実に対する「無知の自覚」なしには始まらない。つまり，大人が「知っている」「道徳」を子どもに「教える」ことを志向する「道徳教育」は，その出発点から，本質的な意味で子どもの人間形成を促すことのできないとこ

ろに立ってしまっているのである。子どもに影響を与えうる唯一のものは、そのことを不完全ながらも真摯に生きようとする大人の「実例（モデル）」だけである。教育者にできるのは、「道徳」を教えることよりも、人生を肯定して「意味」を実現して生きることを身をもって示すことでしかない。

7．おわりに

　「教育実習」や「介護等体験」の他に「スクールインターンシップ」などの機会が増えることは好ましいことかもしれない。しかし、問題は経験の質である。早く職業世界に慣れるという目的のために行われるのだとすれば、そういった機会を増してもあまり意味があると思えない。すでに指摘したように、教職という世界の独特の思考様式や行動様式、そして言語体系は、しばしば硬直化しているので、そのフィルターを通して現実を解釈することになじんでしまうことによって、かえって、そのつど多様な意味が生成するアクチュアリティに触れることなく過ごすことにもなりかねないのである。意味発見を伴わない経験は自己変容を促さないであろう。そしてその意味では、むしろ、人間は誰しも常にすでに「人生」を実践して生きているということを思い起こした方がよい。大学教師も学生もすでに大学教育という実践の参画者であり、より広い意味では「人生」という実践の現場を生きる「同行人」なのである。最後に、つたない授業実践の披瀝につきあわされた学生諸君に感謝の意を表しておきたい。

■ 注

1　本章は、以下の2つの拙稿に素描した考えをもとに新たに書き改めたものである。本章とあわせて以下のものを参照いただければ幸いである。
　　「二一世紀における専門家教育の方向性を問う―教育者の養成とロゴ・テラペイア（1）」（近畿大学教育論叢〈近畿大学教職教育部〉、第18巻、第2号、69頁―90頁、2007年）、ならびに拙稿「人生（教育）から問われて生きるという実践―教育者の養成とロゴ・テラペイア（2）」（近畿大学教育論叢〈近畿大学教職教育部〉、第19巻、第1号、43頁―72頁、2007年）を参照されたい。

2 「教養」を通じて職業的使命を形成する，という問題意識を以下に論じているので参照されたい。「「生の意味」への問いと教育者に成ること―「大学における養成」再考のための一試論」（『教育哲学研究　第100号―特集；教員養成と教育哲学―』（60―81頁。2009年11月10日発行所収）

3 たとえば，このことを筆者なりに敷衍すれば，教育実習において，ある到達目標を実現するために合理的な授業案を書き，それを「支障なく」計画通りに実行に移せる力が「現場で役に立つ実践的指導力」と賞賛されたならば，その言葉によって覆い隠されてしまうのは，そのような目標をたて，計画的に教えるプロセスをシミュレートし，予想した展開どおりにことを進めること―これらに「そもそも何の意味があるのか」という根本的な問いである。「役に立つ授業とはどのようなことなのか？」「実践的であるとはどのようなことなのか？」―これらは自明なこととしてまったく問われることがないのである。本来，決して自明でないはずのこれらの「開かれた問い」をそのつどの状況下で絶えず省察し，教師としての「思慮深さ」を形成するという機会は最初にくじかれてしまう。それが「実践的であった」「役に立った」と自認した途端，教師自身が「教師とは何のために存在するのか」を深く考えるための通路は閉ざされる。そして，学校システムにまとわりつく独特の思考や行動様式に絡みとられ，教職経験をつめばつむほどその呪縛より抜け出せなくなる。換言すれば，複合的な生きた教育の現実を理解する「思慮深さ」とそれに伴う臨機応変な応答能力の形成は，「実践的」という常套句によって阻まれるのである。

4 ①〈ある〉〈ない〉の区別にはたいした意味はない。どちらかが正解であるとか，間違っているとか言うのではもちろんない。実際，〈ある〉と答えた者の方が多いが，だからといってそこに何らかの傾向が現われているわけではない。この種の問題に統計をとってもまったくナンセンスである。
②〈ある〉と答えた者が，必ずしも「意味」が充実しているわけではない。むしろそのことに問題を感じている場合もある。〈ない〉と答えた者が，必ずしも「意味」の問題に無関心であったり，嫌悪を感じているわけでもない。むしろ自分にとって「意味」は自明だから特に考えないという場合もある。
③大切なことは，個々に語られたことを，それぞれ固有の「語り」として読むことである。また，語られたことが，そのままその人が経験した現実を表しているといえない面もある。現実はその人の主観や先入観を通して語り直されるからである。
④したがって，それでその人の人生観をすべて把握できるなどということに決してならないが，にもかかわらず語られたものは，その人の人生に対するスタンスを何らかの形で表現しているともいえる。
⑤要するに，発問の意図は，このような問いを突きつけることで「生きる意味」に対する一人ひとりの向き合い方を表現させ，学生一人ひとりが「生きる意味」の問題について思慮を発動させることにある。
⑥ここに語られたものの中には，これから「生きる意味」にわれわれがどのように向き合っていったらよいのか，そのことを考えるためのいくつものヒントが荒削りながらすでに見え隠れしている。

5 フランクル哲学の根本を表す概念。彼は，ナチスのユダヤ人強制収容所での体験記

録『夜と霧』(霜山徳爾訳，みすず書房) の中で次のように述べている。「ここで必要なのは生命の意味についての問いの観点の変更なのである。すなわち人生からまだ我々は何を期待できるかが問題なのではなくて，むしろ人生が何を我々から期待しているかが問題なのであるといえよう。……すなわち我々が人生の意味を問うのではなくて，我々自身が問われたものとして体験されるのである。人生は我々に毎日毎時問いを提出し，我々はその問いに，詮索や口先だけではなくて，正しい行為によって応答しなければならないのである。」(184頁)

■ 文 献

文部科学省　2006　中央教育審議会答申　「今後の教員養成・免許制度の在り方について」
Van Manen, M.　1999　The practice of practice. In M. Lange, J. Olson, H. Hansen, & W. Bünder (Eds.), *Changing schools/changing practices: Perspectives on educational reform and teacher professionalism.* Luvain, Belgium: Garant.
和田修二　1998　改訂版　教育的人間学　放送大学教育振興会　pp. 115-116.

7 授業を創る力を育てる「教育課程・方法論」の実践

杉浦　健

1．はじめに

　今回，紹介するのは免許法施行規則に定める科目区分としては「教育課程の意義及び編成の方法」および「教育の方法及び技術」にあてはまる「教育課程・方法論（以下，課程方法論と記す）」という科目の授業実践である。
　この科目区分は，平成10年の教育職員免許法の改正において単位数が増加した。その改正の意図は，教員は単に教える科目の知識だけでなく，生徒指導の力や授業で教える方法や技術などの実践的指導力をもつことが重要であるという考えであったと思われる。
　本章では，この「課程方法論」の内容紹介を行い，授業をおこなうための実践的指導力をどのように育てていくか，さらには今後の教職課程教育がどのようにあるべきかについて考察していきたい。

2．課程方法論の目的と意図

　この課程方法論の教職課程カリキュラムでの筆者の考える位置づけとしては，履修する学生は主として1，2年生であり，各教科の教育法が2年生からであるため，授業をするための基礎を認識させ，教科教育法を経由して，大学でのカリキュラムの最終目標として教育実習へとつなげていくというものであった。また1，2年生というと，授業を作ったり，行ったりすることのまっ

たくない者がほとんどであるため，そもそも授業とはどんなものなのか，授業をするとはどういうことなのかを「教員の立場で」考えることをめざした。

　学生たちに伝えた課程方法論の目的は，わかりやすく端的に，「少しでもよい授業をできるようになる」ということであった。そして，そもそも「よい授業」とはどんな授業であるのかを考えさせ，さらにはそんなよい授業をするためには，どんな知識，技術，能力が必要なのかを教え，そのような知識，技術，能力をこの授業の中で少しでも身につけていくということをめざした。

　このような目的を設定したのは，授業を実際に作るという具体的な課題を行うことによって，授業作りの方法や技術に接するとともに，その過程で学生たちにとっては少し縁遠い教育課程の意義を感じてもらえたらいいのではないかと考えたためであった。

3．課程方法論で強調していること

(1) 授業のWHY

　課程方法論においては，よい授業をするためには2つのことが重要であると伝えている。1つ目は，そもそもなぜ英語や社会，国語，数学などの教科を教えるのか，何を生徒に学んでほしいのかを明確にすることである。一般的に言うなら，教育観，教科観や学習観ということになろう。この授業では，これらを「授業のWHY」と名づけている。

　この授業のWHYは，学生が良い授業をできるようになるにあたって最も重要であると考えている。授業のWHYは，なぜその科目を教えるのか，生徒に何を学んでほしいのか，自分は何を何のために教えるのかといったことであり，それらは授業の中で，言葉を通じてだったり，授業方法だったり，授業の内容だったりを通して伝えられるべきことである。そして，それは生徒に伝えるべきものであると同時に，自分が授業を行うときの指針となるものであり，どのような授業を行ったらいいのか，すなわち，この授業で名づけている「授業のHOW」について答えとなるものである。

　もちろん教師が自分なりの目的をもっていなくとも，学習指導要領や教科書に基づいて授業を行えばいいという考えもできるだろう。いわゆる「教科書を

教える」ことで，授業をすることも可能だと思われる。だが実際にはそれだけではよい授業は作れないと筆者は考えている。

教育課程・方法論の「教育課程」とは，子どもに何をどんな目的で教えるのかを教える順序も含めて示したものと言える。学習指導要領はその全国的な基準である。それはいわば全国的に定められた「授業の WHY」と言えよう。教科書はその授業の WHY に基づいて作られている。だから「教科書を教える」こともちろん可能であろうし，力量のある教員であればそれによってよい授業を行うこともできるであろう。しかしながら，力量のない学生にとっては，自分なりの教科観や教材観をもたず，学習指導要領や教科書の授業の WHY を使ってよい授業を作るということは非常に難しい。たとえるなら，課長（教師）が部下（生徒）に対して，「部長（学習指導要領）が言っているから，これをやれ」と命令して仕事をやらせているようなものであり，それでは生徒も十分学ぶ目的をとらえられないし，教員としての自分もこれをぜひ教えたいといった強い気持ちで授業をすることができないであろう。具体的には教科書にしたがって授業を進めていき，「ここはテストに出るところだから覚えておきましょう」というような授業しかできないのである。

よい授業を作るためには，学習指導要領や教科書にある目的や内容を，生徒の実情と自分が強調したい目的とすりあわせて，あくまで自分の目的として授業を行うことが重要なのである。前のたとえを使うなら，「部長がこう言っているし，私自身もこういう理由でとても大事だと思うから，これをやろう」と伝えることが大事なのである。

(2) 授業の HOW

さて，たとえどんなに授業の WHY を明確にもっていたとしても，それが生徒に伝わらなくては，もっていないも同然である。教育課程の意義がわかっていても，それを伝える方法や技術やスキルをもっていなければ授業はよくならないのであり，それを身につけるのはこの課程「方法」論の重要な目的であろう。端的に言うなら，授業の HOW とは，教員が授業の中で自分の伝えたいことを伝える方法や技術を身につけることなのである。

この授業の HOW には，知識や技術やスキルがあると学生には伝えている。

つまり，知識をもつことですぐに改善できるようなものもあれば，ある程度，経験を重ねて，慣れなければできるようにならない技術やスキルもあるということである。たとえば，板書をしながら黒板の方を向いて話すよりは，板書を終わらせた後で，生徒の方を向いて目を見て話した方が伝わりやすいなどは，そのことを知り，ちょっと意識して形だけ行うだけでも授業はずいぶん変わってくる。それに対して，人前で自分の言いたいことを説得力をもって話せるようになることは，そういう経験が少ない学生にとっては，わかっていてもなかなかできるようにならないスキルなのである。だからこそ，この課程方法論では後述するようにその「練習」をロールプレイで行っているのである。

4．課程方法論の進め方

課程方法論では，学生たち自身一人一人の授業のWHYを明らかにし，授業のHOWを身につけることを大きな柱として授業を進めている。具体的な授業のあり方は，①講義，②ロールプレイ，③ロールプレイの原稿書き，④シナリオ型指導案の作成の4本立てである。

第1の柱，講義は，授業をするにあたって必要な知識や技術やスキルにどのようなものがあるのかを伝えることを主として行っている。なかなか講義だけでは授業の作り方や行い方を身につけることは難しいため，講義は最小限にして，後に示すようなロールプレイの時間をできるだけ取るようにしている。

2つ目の柱は，ロールプレイであり，これはこの課程方法論の中で重要な位置づけをもっている。ロールプレイでは，15名程度のグループを作り，グループ内で順番に教員を演じ，ホームルームや授業を擬似的に行っている。中学1年生から高校3年生までのどれかの学級担任を受けもっており，ある科目を教えている教員になりきるという設定である。

3つ目の柱は上記のロールプレイの原稿書き課題である。テーマは今のところ「教員としての自己紹介」「第1回目のロングホームルームで自分の教育理念を伝える」「勉強するのは何のため」「受験に向けて，受験生がんばれメッセージ」など，教育現場で教員が生徒に伝えることの多い内容を選んでいる。

このロールプレイおよびそのための原稿書きには2つの意味がある。ひとつ

は，ロールプレイによって，普段，人前で話す経験の少ない学生たちに，自分の考えを伝える技術(コミュニケーションの取り方,ノンバーバルコミュニケーションの重要性など)を身につけさせるための練習,経験をさせることである。人前で自分の考えを説得力をもって伝えるのは，わかってはいてもなかなかできないスキルであり，少しでも多くの経験を積ませることが必要と考え，時間の許すかぎり，このロールプレイの機会を多く取っている。

もうひとつの意味は，生徒に伝えるという枠組みを提供することで，自分の授業の WHY をまとめ，明らかにすることである。これは実際に行った課題の例で説明しよう。学生に与えた課題は次のようなものであった。

あるとき，一人の生徒がやってきて，「先生,勉強って何のためにするの？」と言ってきた。あなたは，「私も中学（高校）のとき，そんな疑問をもったことがあったな。きっと君だけじゃないと思うよ。今度のロングホームルームでちょっとみんなに話そうか。先生の考える，勉強する意味，勉強する理由だね。ちょっと準備して話すから待っててな」と言って，そのロングホームルームのロールプレイを行う。

このような課題に答えるためには，学生は自らを振り返り，自分の中に勉強する意味を探し，明らかにする必要がある。もちろん，実際には大学生が勉強する意味や学ぶ意味，教える意味を明確に確立できているとは思えないが，とにかく生徒に問いかけられた問いに，現時点で誠意をもって答えるという姿勢をもつことで，少しでもこれまでもっていた考えよりも深い学ぶ意味や勉強する意味，すなわち授業の WHY を明らかにできるのではないかと思っている。

5．グループ活動にあたって

このようなロールプレイをするグループを作るにあたって，グループ内の学生同士の関係を作ることは非常に重要であり，ロールプレイの成否を決めると言っても過言ではない。これまでにうまく関係が作れずコミュニケーションの十分取れないグループでは，それぞれが本音を伝えられないためか，ロールプ

レイの内容にも深まりがなくなってしまうことがあった。受け入れてくれる者がいることで自分のより深い気持ちが伝えられるのである（実はそもそも関係がうまく作れないと出席率が低下してグループが成り立たなくなってしまうのであるが）。

　当初は友達同士でいくつかのまとまりを作り，それらをさらにまとめてグループを作っていたこともあったが，現在では「誕生日順」にグループを作るようになっている。この誕生日順にはいくつかの意味がある。ひとつは基準として明確であり，グループが作りやすいこと，誕生日が近かったり，同じ誕生日の者がいたりして，関係を作るきっかけになるということ，そしてグループを作る当日に休んだ学生をグループに追加するのに容易であることなどである。

　さらに最も重要なのが，まったくの初対面の者と出会えることである。この誕生日基準に基づき，2回目の授業でグループを作るのだが，その時間に1コマすべてを使い自己紹介を行っている。学生たちは，誕生日順に集まった，彼らにとっては初対面の者たちと自己紹介を通して関係を作る必要がある。それはちょうど教育実習に行ったときに生徒たちと短い時間で関係を作るための予行練習である。学生には，「君らが教育実習に行ったら，2，3週間という短い間に生徒と仲良くなって，コミュニケーションができないといけないんだよ。生徒と仲良くなったなら，授業もうまくいくようになるんだよ」と伝え，引っ込み思案を直して積極的にグループの者たちと関わるように促している。

　誕生日順にグループを作って集まってからも，細心の注意が必要である。普通に学生たちを集まらせると，ばらばらに離れて座ってしまい，自己紹介が始められない。そこで，まず荷物をわきによけさせて，お互いの顔が見えるように円になってもらうのだが，教室は固定いすであるため，普通にしていては円になれない。この解決法として，浅野（1994）の方法を使っている（図7-1）。図を見てもらうとわかるが，最大14人のグループでいびつながらも円の形で向き合うことが可能である。四隅に当たった者には身を乗り出させて，できるだけ円に近い形にさせている。そうしないと，たまたまここに座った者が孤立してしまうからである。

　後に行うロールプレイでも，何も指示しないと学生たちはばらばらにまとま

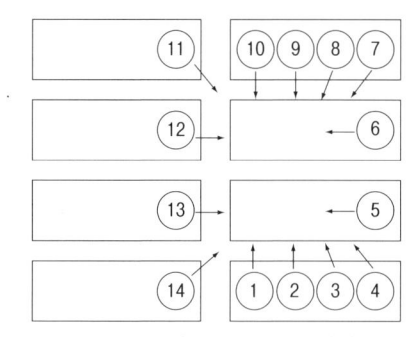

図7-1　固定イスで円になる方法

りなく座ってしまうため，必ずすべての座席をつめて座るように指示している。複数のグループが一斉にロールプレイをするため，ほとんど教師役の声が聞こえないからという現実的な理由もあるが，ここで身体の距離を近くすることで，グループのまとまりを作るためでもある。グループの数が2，3の場合は，教師役の者は生徒役が座っている机の前に立つが，特に人数の多い授業では，6，7グループになることがあり，その場合には普通に前に立つと後ろの席の者まで声が届かないため，列の横に立ってロールプレイを行っている（図7-2）。これだと声が届きやすく，また生徒全員を見渡すことを意識でき，生徒とのコミュニケーションがとりやすいようである。私自身，大学教員として大人数授業を行うときに，縦長の教室では後ろの方の私語をコントロールする

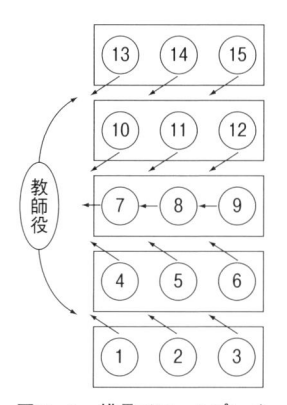

図7-2　横長でロールプレイ

のが難しい。教室は縦長が当たり前であるが、むしろ大教室などは横長で設計すべきであろう。

　さて、グループになって自己紹介をして仲良くなろう、と言ってもこれもまた簡単ではない。自己紹介をしてくださいと言っても、名前と学部学科くらいをちょっと伝えるくらいで、グループ全員でも5分くらいで終わってしまうのだ。これでは自己紹介にもならないし、関係を作ることもできない。もっとお互いの関心や共通性を知り合わなくては関係ができないのだ。そのため、自己紹介が終わったグループには「雑談」をするように伝え、その時間をかなり長く取っている。後の授業では、教師が生徒と早く仲良くなるためには自分のことを知ってもらうことが大事であり、ちょうど雑談で話したような、趣味や好きな音楽や本、血液型や同じ地元の話題などを、自分から積極的に自己開示することが必要なのだと伝えている。

　他にもいろいろと学生同士の関係を作るために手立てを取っているが、もっとも効果的だったのは、「次回、テストをします…。グループの全員の名前を覚えてください」であった。これを言うと、それまで気まずい雰囲気が流れていたグループもにわかに活気づき、あだ名を言いあうグループ、特徴をチェックしあうグループ、お互いに名前をテストしあうグループ、携帯で写真を取りあうグループなど、大いに盛り上がって関係ができてきていた。

　次の授業のときにはもう名前で呼びあってあいさつができるなど、非常に効果的であった。ちなみにテストの正答率（つまりグループの名前を覚えている率）はおおよそ80％くらいである。このようにいい関係ができたグループでは、出席率の向上やレポート課題の教えあい、後の教職課程の継続における助けあいなど、プラスの副産物も生まれている。

6．シナリオ型指導案

　さて4つ目の柱は、「シナリオ型指導案」の作成である。シナリオ型指導案は、一般的に細案や密案と言われる指導案であり、自分が授業をしている姿を思い浮かべて、自分が話すせりふや自分の行動、そして生徒の反応の予想を一字一句書きとめていく指導案である。指導案というよりも、むしろ授業の実況

中継に近いかもしれない。

　学生たちに一般的な指導案を書かせたりすると，まことしやかに計画を書いてきたりするのであるが，模擬授業をやらせてみたりすると，たとえ指導案で計画を練っていたとしても，それを実行に移すことができない。たとえば，「○○について生徒に考えさせる」という計画を立てたとしても，どのように考えさせるのか，どのように生徒に働きかけたらいいのかを考えていないために立ち往生してしまい，生徒役に考えさせることができず，また授業がスムーズに進まないのである。

　これに対して，シナリオ型指導案では，「○○について考えさせる」「○○について説明する」という計画だけでとどまるのではなく，考えさせるのなら，どのような発問をして考えさせるのか，説明するのならどのように説明するのかを，「せりふ」で指導案の中に書くのである。シナリオ型指導案とは，授業の計画書というよりも，ちょうどドラマや劇のシナリオのように，授業が実際にどのような流れで行われるのか，教師が自分のすることや話すことを明確に書いたものなのである。

　このような指導案を作ろうとする一番の目的は，授業の構成の仕方を学ぶためである。実際に自分が授業しているところをイメージして，そのせりふや働きかけを書きとめることで，生徒をひきつけるためにはどのような導入をしたらいいのか，どうしたら生徒が飽きずに授業に集中できるのか，そもそも自分は何を教えたらいいのか，授業で何を伝えたいのかなどを明確にしようとするのである。

　本当は模擬授業まで行えたらいいと考えているのだが，課程方法論は大人数の授業のことが多く，模擬授業は現実的ではないため，その前段階としてシナリオ型指導案を位置づけている。

　模擬授業であれば，生徒役からの反応が実際にあり，それに対してどう臨機応変に対処するかといったことも学べるのだが，シナリオ型指導案はそれに比べて臨機応変さを犠牲にしていることは否めない。だが普通の指導案では曖昧な，授業の構成の仕方や発問のコツなどを学ぶことができると考えている。資料として実際に学生の作ったシナリオ型指導案の一部を掲載しておく（表7-1）。これは授業の導入部分だが，かなり具体的であることがよくわかるだろ

表7-1　シナリオ型指導案の例

シナリオ型指導案　高校歴史　聖徳太子
本時の目的
聖徳太子がめざした天皇中心の政治のあり方を冠位十二階，十七条の憲法，遣隋使を中心に理解させる。また，なぜそのような政策，制度が必要だったのかについても考えさせる。

本時の指導過程
さあ～，今日は何しようかな～，あっ突然ですが，みんなは一万円札って持ってる？　最近の高校生は金もちだから持ってるよな～。

Q１．ほな，一万円札に描かれているおっちゃんの絵，誰だか知ってる？
A．福沢諭吉／知らな～い

まあ，みんな知っているとおり，福沢諭吉だよね。

Q２．そしたら，昔の一万円札には誰の顔が描かれていたか知ってる？　次の選択肢から選んでな。分からんかっても，勘でどれかに手をあげてな～
A卑弥呼　B聖徳太子　C豊臣秀吉　D徳川家康
→全員に挙手させる。

Bの「聖徳太子」が多いようだけど，その通り，みんなよく知っている【聖徳太子】って人だね。

（大きい絵を見せる）そう，このおっちゃんが昔の一万円札の顔やったんやで。

（意図）これから授業を進める上で，授業の方向を聖徳太子に向かせる。

Q３．では，この聖徳太子という人何をした人でしょう？　中学で習ったやろ？　さ～なんやったか思い出してや～
A．何かすごいことした人。／冠位十二階とか十七条の憲法つくった人。
（意図）中学で学んだはずの知識を引っ張り出させて，授業を理解させやすくする。

注意：特に答えを求めているわけではないので，完璧な答えを要求していない。

そやな，そんなとこやな。それじゃあ，今日の授業では，聖徳太子がいったいどんな政治を行ったか，彼が何をめざしていたかを勉強していきたいと思います。なんで聖徳太子は，１万円札の顔になったんやろな？　どんなすごいことをしたんやろな？　これを考えていきたいと思います。

う。

　なお，筆者のホームページ（http://www.kyoto.zaq.ne.jp/dkaqw906/）には，これまでの学生たちの作ったシナリオ型指導案の例が多くアップされている。

学生たちは，それら過去の例も参考にしながら指導案を書いていくことになる。

課程方法論では，このような指導案を，授業の中盤に提出する中間レポートと，最終レポートの2回書かせて提出させている。中間レポートでは，すべてのレポートに簡単な添削とコメント，観点別の評価をつけて返却を行い，各自の課題を明確にさせている。最終レポートでも，不十分な指導案は再レポートとして返却し，再提出をさせている。

この指導案を正しく書くには非常に時間がかかる。それは授業の導入部分から，展開，まとめにかけて，自分のせりふや行動，生徒の反応などをイメージしなければ書けないからである。そして，そうやってイメージすることこそが，この指導案の目的なのである。最終レポートで合格しない者は何回も指導案を書き直すことになるが，それによってはじめは授業の体をなしていない指導案も，ずいぶん向上してそれなりに学びがいの感じられる授業らしい授業になるものである。

7．シナリオ型指導案作成にあたって

学生の中には授業とは受験のためだけにあると勘違いしている者もいるためか，シナリオ型指導案を書くにあたっても，何のために教えるのかが明確でなく，ただ教科書にある内容を解説して，「ここは試験に出るから覚えておきましょう」的な授業しか作れないことが多かった。つまり学生たちは，ある分野を教えるにあたっての自分の単元観や教材観を反映させた授業，すでに述べた授業のWHYを反映させた授業を作ることができなかったのである。

そこで意識させたのが，授業の目的を単に「ある範囲（たとえば光合成）をわかりやすく教えること」と考えるのではなく，「ある範囲を教えるのは何のためなのか」「その範囲をわかりやすく教えることで，教員としての自分がどんなことを伝えたいのか」，つまり「ある範囲をわかりやすく教えることの意味」と考えることであった。

この意味での授業の目的を学生に教えるにあたっては，しばしば筆者はメッセージという言葉を使ってその意味を説明している。たとえば，光合成をわか

りやすく教えると考えた場合，それを教える意味を考えさせるときに，学生には「あなたは光合成を教えることで，いったい生徒にどんなメッセージを伝えたいんだ！？」と問いかけるのである。その答えとしては，光合成がユニークな化学的プロセスであり，おもしろい現象だと伝えてもいいし，光合成を教えることで環境問題を考えてほしいということを伝えてもいいのである。

　本来，教科書というものがなければ，授業というものは教員が生徒に伝えたい，学んでほしいと考える内容を教えるはずで，授業には必ずメッセージがあるはずなのである。それが教える内容が教科書によって決められているという制約によって隠されてしまっているのである。課程方法論では，授業にはメッセージがあると伝えることで，本来の授業の形を取り戻させようとしているのである。

　授業作りのためには「授業の目的」，イコール「授業を通して教師が伝えたいメッセージ」が重要なのだが，メッセージがあれば良い授業ができるかというと必ずしもそうではない。かつて，学生にメッセージのある指導案を書くように言ったときには，メッセージしかなくて，教科書の教えるべき内容をほとんど教えられておらず，授業として成立していない指導案（たとえば，差別はいけないとただ言っているだけで，どうして差別が起こるのか，なぜなくならないのかなどをまったく教えられていない指導案）や，メッセージと授業内容が一致しておらず，メッセージにまったく説得力のない指導案がしばしば見られたのである。

　ただ学生にとっては教科書の内容を教えつつ，メッセージを伝えることは難しかったようで，そのために彼らの授業はメッセージだけしかない授業だったり，メッセージを授業の中に入れられず，結局教科書の内容をただ教えるだけだったりの授業になってしまっていたのである。

　もちろん，教科書の内容を教えることができれば，最低限の授業の役割は果たしているといえるだろうし，教科書をまったく無視して授業を進めるのも，現実的ではないだろう。また，教科書で教えるべき内容は，最終的には生徒たちの進路にとって重要な受験につながるだろうし，何人かの先生で分担して同じ学年の同じ科目を教えている場合には教えなければいけない教科書の範囲が決まってくるだろう。

だからといって，試験のためだけ，受験のためだけにただ教科書を教えるのみでは生徒は学ぶ意味を感じられないであろう。それに「ここは受験に出るぞ」というメッセージを発し続けることは，その科目を学ぶ意味（受験のため以外に学ぶ意味）をさらに失わせるという意味で生徒に対して悪影響である。教えるべき教科書の内容と自分のメッセージとをどう調和させて生徒に提示するのかが問題なのである。

　筆者は，この問題について対処するために，授業作りを料理作りにたとえて学生に説明している。授業で教えるべき内容（教科書に載っている内容や受験に出る内容）はいわば「必要栄養素」である。成長のためには，必要栄養素をしっかりと食べる（学ぶ）必要があるが，大根やニンジンを丸のまま生で食べろと差し出してもなかなか食べられないだろう。「こんなもの食べられるか！」と文句が出るだけである。それと同様に，受験に出るからといって教科書の内容をそのまま伝えても，「こんな勉強やってられるか」と拒否されるのがおちである。

　教師が授業ですべきことは，必要栄養素を自分なりのおいしい味つけで料理して生徒に差し出すことである。「必要栄養素」としての教科書の内容，受験に出る内容を，授業の目的やメッセージで「味つけ」して，教科書以外の内容もプラスアルファして学びがいのある授業を作るのである。教師は，教科書をおいしく料理して，生徒においしく食べてもらうことをめざす料理人なのである。

　このようなたとえをすることによって，学生たちは教科書を自分が何のために教えるのかに自覚的になり，より明確な単元観や教材観をもった指導案を作れるようである。

　ちなみに授業作りを料理作りにたとえるようになったきっかけは，授業の目的と内容を統合することができなかった再レポートの学生を指導しているときであった。

8．課程方法論の授業からわかること

　課程方法論では，講義と抽象的知識に偏りがちな教職の授業（特に大人数の

授業)において，できるだけ具体的な教育場面を想定して，できるだけ実践的な指導力をつけようとする試みを行っている。

　課程方法論の授業を行って痛切に感じるのは，実践的指導力，ここでは授業を作り，行う能力の端緒という意味での実践的指導力であるが，それはやはり理論を中心とした講義だけでは十分に身につけさせることができないということである。たとえば，授業で実践的指導力をつけさせるために行っているロールプレイでは，人前で自分の意見を説得力をもって伝えるコツを教えている。それはたとえば生徒役の目をしっかり見て話しかけろ，といった簡単なことなのであるが，学生は自分でロールプレイを行ってみて，わかっているにもかかわらず，うまくできず，指摘されてはじめてその大事さに気づくといった具合で，こんな簡単なことすら講義だけでは身につけることは困難である。また指導案でも，料理作りにたとえて具体的にわかりやすく教えているつもりなのだが，初めて指導案を書く学生の多くにとってはそれでも抽象的であり，自分が指導案を書いて，悪いところを指摘されて，書き直してはじめて，料理作りのたとえで授業を作ることの有用性がわかるといった状態である。

　筆者は授業の中で，料理作りと同じく授業作りも創造活動であり，各自の創造性が活かされるべきだといった話をしているのだが，創造活動である以上，実際に創らないと，そしてこの課程方法論の授業ではできていないのだが，実際に授業を経験しなくては授業の力は身につかないのであろう。それはちょうど絵の描き方の理論だけを教えても，絵を書かせなければ絵を描く力が身につかないのと同じであろう。そして，理論だけを教えて絵を描かせないことがナンセンスなように，授業作りの理論だけを教えて，授業を作ったり，実際に教える経験をもたせたりしなければ，同様にナンセンスであろう。

9．課程方法論の限界

　この課程方法論の授業実践には，大学の授業で実践的指導力を身につけるにあたって，可能性の残された部分と限界とが示されている。それはある意味，大学での教職課程のカリキュラムにおける教員養成の可能性と限界を示すものでもある。

9. 課程方法論の限界

　筆者の考える課程方法論の限界のひとつは，シナリオ型指導案にしても，模擬授業にしても，授業を作ったり，したりするにあたって，その対象が本当の生徒でない（本当の実践ではない）ことである。実際，学校で行われる授業では，生徒の反応や発言によって授業の内容も臨機応変に変えていくべきものである。授業とは教員が用意したプログラムを粛々とこなすものではないのである。

　もちろん学生の力量からすると，まずは自分が教えたいこと，生徒に学んでほしいことを確実に教えられるようなプログラム（指導案，授業計画）を作れること，そして，それを確実に実行できることがまず求められるだろう。課程方法論では，実際にこれを受けてみたらおもしろいだろうと感じられる指導案を書いて来る学生も結構な数でいる。しかしながら，それはあくまでよい授業をするための第1段階であって，次の段階として，生徒の実情に応じて，コミュニケーションを成立させながら，伝えたいこと，教えたいこと，学んでほしいことを伝えることが求められる。それはこの授業の中ではまさに模擬的にしかできないのである。

　本当の生徒でないことは，授業の目的を設定するにあたっても，限界を示すことになる。授業を作るにあたって，教材観や単元観を反映させた，また教員としての自分の思いを反映させたメッセージももちろん重要なのであるが，実際に授業をするにあたっては，生徒の実情（たとえば学力，知識量など）に応じて変わるものである。指導案で書かれることでいえば，明確な生徒観をもつことができないということである。実際の生徒を想定した授業であれば，そのクラスやクラスにいる特定の生徒のキャラクターを活かした授業をすることが可能であるが，課程方法論では，それが難しいということである。ただロールプレイでは，何人かの学生はグループの仲間のキャラクターを活かした発表ができている者もいるようである。

　もうひとつの限界は，授業を作るにあたって，授業の目的は非常に重要なのであるが，授業の目的は，その科目，その教材に関する深い理解がないと設定しきれないということである。この限界は，課程方法論が，英語科教育法や社会科教育法などのように特定の科目に限られておらず，さまざまな科目の授業作りを想定しているからでもあるが，どうしても一つ一つの科目，たとえば世

界史だったら世界史という科目がそもそも何を何のために生徒たちに学ばせようとしているのかを深めさせることが十分できていないのである。シナリオ型指導案は，授業の目的を深く考えさせて，それを基に授業を作るから，その単元に関しては，ずいぶん深くその学ぶ意味，教える意味を考えさせることができるが，より全体的な視点で科目を教えたり学んだりする意味を考えさせることはでききれてないのである。科目に関する深い理解がなければ本当の意味でよい授業は作れないのである。

10. 課程方法論の限界からの示唆

　これらの限界に共通するのは，これらが実際の生徒を前にした，本当の実践ではないというところに由来することである。授業の技術にしても，教科の深い理解にしても，また課程方法論の範囲外ではあるが生徒指導にしても，実践的な指導力は最終的には実際の生徒とやりとりをする中で鍛えられていくものである。

　その意味で，教職課程において，教育実習の果たす役割は非常に大きいと思われる。2週間もしくは3週間にせよ，実際の生徒を前にして，実際の教育実践を行うことは，大学の教職課程における実践的指導力の育成を大きく進めているに違いない。

　さらに言えば，教育実習前に学校現場での実践を経験すること，たとえば学校現場でのボランティア活動やインターンシップなどを経験することによって，学生が教職課程における授業の内容をより実感をもって受けとめることが可能になり，教職課程における実践的指導力の育成を助けると思われる。

　このことは今後の教職課程のあり方も照らし出している。すなわち今後，教職課程のあり方としては，学校との連携が重要になってくると思われる。中学校や高校の生徒と関わる機会を増やすこと，授業の実践や生徒指導との実践を経験すること，そしてその実践を振り返り，自らの教育についての考え方を大学での授業を通して深めること，それが今後の教職課程の授業に求められるものだと思われる。

■ 文 献

浅野　誠　1994　大学の授業を変える16章　大月書店
杉浦　健　2005　おいしい授業の作り方　ナカニシヤ出版

8 学校での学習に対する固定的イメージを問い直す「教育方法論」「教育課程論」の授業

渡辺貴裕

1．はじめに

　大学の教職課程の授業は学校現場に出てからほとんど役立たないという批判がこれまで繰り返しなされてきた。最近では，そうした批判に応えて，教師の「実践的力量」を育成するために「教室ですぐに役立つ」さまざまな技法を大学で教えることがはやっているように思われる。しかし，はたしてそうした技法の詰め合わせを提供することが大学の授業の役割なのだろうか。学生に学校での授業の進め方を教えても，それが，「これについてはこうやっておけばよい」といった学生の思考停止につながってしまっては意味がないのではないか。むしろ，自分が受けてきた教育や，現在学校現場で広く行われ自明視されている教育のやり方にときには疑いの目を向け，新たな教育の可能性を探っていく力を育てることこそ，大学の授業の役割ではないだろうか。

　筆者はこのような問題意識を背景に，学生たちが学校での学習に対してもつ固定的なイメージを問い直すための授業を教職課程科目において行ってきた。筆者が特に焦点を当ててきた，学生がもつ固定的イメージは次の3つである。

　①自分たちが学んできた内容＝学校で教えるべき内容であり，それは既存の教科の区分によってのみ分けられるものである。

　②教科書に書いてあることは絶対であり，それを覚えることが学習である。

　③授業は，先生が前に立って解説し，生徒は椅子に座ったまま教科書を読んだりノートを取ったりという形で行われるべきものである。

これらのイメージを大学を問わず多くの学生が強固にもっていることを，筆者は授業のなかでさまざまなかたちで実感してきた。①の固定的イメージの場合を例に取ろう。筆者は，教育課程の編成原理（経験主義・系統主義）について教えるときに，きのくに子どもの村学園中学校の時間割やVTRを資料として学生に提示している。同校の時間割には，「プロジェクト」「自由選択」といった独自の時間が登場する一方，「音楽」や「体育」といった一部の教科名は出てこない。それを見た学生から次のような反応が返ってくることがしばしばある。「音楽が入っていない。まんべんなく学べていない」。これは興味深い反応である。芸術分野という点から見れば，演劇，舞踊などそこに入っていないものは他にもある。しかし，それには意識は向かない。その学生にとっては，自分が学んできたものを（自分が学んできたのと同じような枠組みのもとで）学ぶことが，「まんべんなく」学ぶことなのである。ここには，①で示した〈既存の教科内容および教科区分の絶対視〉が見られる。

　本稿では，こうした各固定的イメージを問い直すために筆者が教職課程科目において行ってきた取り組みのうち，特に「教育方法論」「教育課程論」で行ってきたものの一部を取り上げて報告する。それぞれの取り組みの内容，学生たちの反応と感想，現時点での成果と課題について述べていこう。その前にまず，対象とする授業の概要を説明しておく。

　報告の対象とするのは，2007年度および2008年度に岐阜経済大学（本稿執筆時の本務校，以下「経大」）と大阪大学外国語学部（非常勤，以下「阪大」）にて行った，「教育方法論」「教育課程論」の授業である。これらの科目において，筆者は，教科内容・教材・授業過程・学習者の4つのレベルの問題を扱っている。本来ならば，「教育方法論」「教育課程論」の内容は明確に区分されるべきものであろうが，大学や年度によって教職課程カリキュラムの全体像が異なるため，それに応じて筆者は授業内容を調整している。

　受講学生数はいずれもほぼ40～90名であり，中程度のクラスサイズである。どの科目も2年次以上の配当であり，2年生が多くを占めている。免許取得希望の教科は，経大では中高の保健体育科が中心（他に高校商業，高校情報，高校地歴，高校公民，中学社会など）で，阪大では中高英語，中高国語，高校地歴，高校公民，中学社会などである。

筆者の基本的な授業の型に関して3点述べておく。1つ目は，グループワークの活用である。ほぼ毎回の授業で学生同士のグループワークを行っている。4名前後のグループを用いることが多く，原則として，授業のたびごとにグループを組んでいる。2つ目は，学生同士の意見交流の場としてのコメント用紙の活用である。授業のラスト5分ほどを使って，毎回，コメント用紙に授業への感想，意見，質問などを書かせている。それらから抜粋，入力したものをA4（2段組）×1～2頁のプリントにまとめ，次の授業の冒頭に配布し，読ませている。3つ目は，学生同士の発表・検討プロセスを含んだ課題作成である。各科目につき，成績評価の対象とする課題を筆者は2～3回課している。課題は，作成してきたものを教師（筆者）に提出して終わりとするのではなく，必ず，その前に学生同士で発表・検討しあう機会を授業中に設けている。そして，その活動をもとにしてより洗練させた課題を翌週以降に提出するという流れをとっている。

2．既存の教科内容および教科区分の絶対視への取り組み

　まず，固定的イメージ①〈既存の教科内容および教科区分の絶対視〉への取り組みから紹介していこう。経大の「教育課程論」で行った「学校で学んできたもの」のワークショップの授業を取り上げる。

ワークショップ「学校で学んできたもの」
　「学校で学んできたもの」を付箋に書き出し，グループでそれを教科・学校段階以外のやり方で分類し，模造紙に関係図を作るという活動である。経大「教育課程論」の初回の授業で行っている。
　この活動の主なねらいは，これまで学校で学習してきた内容について，教科以外のまとめ方ができることに気づくことである。さらに，副次的に，（初回の授業であるため特に）クラスの雰囲気作り，被教育体験の想起，典型的なワークショップ形式の体験などをねらいとしている。
　活動は次のような流れで行っている。
　①4人グループに分かれて道具（4色の付箋，マジック）を受け取る……付

箋はグループ内で1人1色ずつ与えられる。

　②項目を作る……「小中高の学校生活を通して学んできたもの・身につけてきたもの」を付箋1枚に1項目ずつ，何でもよいので書き出す。ただしできるだけ具体的に，また，できるだけ異なったタイプのものを書く。グループで相談してもよい。

　③グループシャッフル……最初のグループを解体し，別のグループの人と4色の付箋がそろうように4人グループを組み直す。模造紙と太マジックを受け取る。

　④模造紙上に全員（4人）分の付箋を並べる

　⑤結びつくもの同士で付箋をくっつけてかたまりを作る……教科や学校段階で分けてはならない。最初に分け方を決めて分類していくのではなく，共通点がありそうなもの同士をくっつけていく。付箋を動かしながら考える。かたまりができたら，それぞれを太マジックで囲んでラベル（タイトル）をつける。

　⑥関係を表す……太マジックを使って，⑤で作ったかたまり同士を矢印で結びつけたり，複数のかたまりをより大きな円で囲んでラベルをつけたりして，関係を表す。

　⑦模造紙を張り出す……できたグループから黒板・教室の壁に張り出す。

　⑧鑑賞タイム……一斉に見てまわる。その後，気づいたことなどを全体の場で発表。

　⑤の段階で，学生は，これまでとは違った視点で項目同士の結びつきを考え出す。「たばこの害」「着衣泳」「交通ルール」「避妊の仕方」をひとまとめにして「身を守る系」というラベルを付けたり，「漢字テスト」「英単語」「エクセルの使い方」をひとまとめにして「居残りがあるもの」というラベルを付けたりといったようにである。

　さらに，⑥の段階で，より全体的な関係を描いていく。2つ例を示す。あるグループは，「エリートコース」のかたまり（含む項目は，「元素記号」「楽譜の読み方」「通分」など）と「出世への近道」のかたまり（「集団行動」「敬語の使い方」「真剣にやろうとする心」など）を一つにまとめ，それとは別に，「無駄な知識」のかたまり（「植物の種類」「火山の名前」「π」など）と「休み時間」のかたまり（「一輪車」「合唱の楽しさ」「足が速い人はモテる」「友達の大

2．既存の教科内容および教科区分の絶対視への取り組み　115

図8-1　ワークショップ「学校で学んできたもの」の様子
（上：関係を記入する，下：互いの作品を鑑賞する）

切さ」など）を「いつか役立つ」という説明をつけて一つにまとめていた。別のグループは，「生きていくうえで必要系」「生きていくうえで正直あんまり必要ない系」「人間関係」「先生に怒られる系」「青春系」のかたまりを放射状に配置し，それぞれを中央のかたまり（「戦争をしてはいけないということ」「平和を愛する心」）へと矢印で結びつけていた。

　このように，学生は，自分たちが学んできた内容を既存の教科枠組みによらないかたちで眺め直す。また，後に授業で扱うことになる，トピック学習，共通教養，ヒドゥン・カリキュラムといった内容につながるような中身が出てくることも興味深い点である。学生自身がどうとらえているか，この授業への学生の感想を2つ紹介しておこう（2008年度「教育課程論」経大コメント用紙より）。

アイディア出しながらできて，グループワークって感じがめちゃあったのでよかった。他のグループのものを見ることで自分たちでは思いつかなかった点がいくつもあって，とても刺激にもなりました。その中でも「時の流れ」というくくりに目がいきました。時計と歴史でくくり合わせるという考えが私にはなかったので，なるほどなあ〜と思いました。

あるチームでは"10分前行動"が，"しんどかった"に入っており，あるチームでは"5分前行動"が"基本"に含まれていた。1人1人あるタイトルに対しての感じ方が違うということが今日の作業でよく分かりました。

付箋と模造紙を使った典型的なワークショップ形式自体，初めて体験したという学生が多く，やりとりや互いの違いの発見を楽しんでいるようである。

一方，この授業には今のところ課題もある。1つは，分け方がしばしば安直なものになってしまう問題である。あるクラスにおいて，「役に立つ／役に立たない」という分類が多発した。学生の表面的な感覚に頼った分類である。「何に」役立つ，役立たないということか意識させるなどして，さらに学生の思考を深めさせる必要があった。もう1つは，作品にしばしば興味深い内容が現れているにもかかわらず，それを学問的な概念に結びつけて学生に意識させることができていないということである。作品の活用の仕方を考える必要がある。

3．教科書の絶対視への取り組み

次に，固定的イメージ②〈教科書の絶対視〉への取り組みとして，グループワーク「『サンゴの海の生きものたち』の検討」を中心に報告する。

グループワーク「『サンゴの海の生きものたち』の検討」

光村図書の小学校国語教科書（2年・上）掲載の説明文「サンゴの海の生きものたち」（もとかわたつお）の本文の批判的検討を行う活動である。経大「教育方法論」，阪大「教育課程論」で行っている。批判的検討の対象としている部分を表8-1に示しておいた。

学生は，別の回の授業で，高校日本史教科書における沖縄戦「集団自決」記述の問題を題材にして，教科書の記述に関してさまざまな立場からの主張があ

3．教科書の絶対視への取り組み　117

表8-1　「サンゴの海の生きものたち」より検討対象にしている部分

> ③ 大きなイソギンチャクがいますね。細長いたくさんのしょく手を、ゆらゆらさせています。そのしょく手の間に、きれいなオレンジ色の魚がうかんでいます。クマノミです。
>
> ④ イソギンチャクのしょく手には、どくのはりがあります。イソギンチャクは、これで、小さなえびやかにをつかまえて、食べているのです。クマノミも、ぶつをつかまえて、食べているのです。クマノミも、さされると、たいへんなことになります。クマノミの体は、ねばねばした えきで おおわれています。これが、さされることはありません。でも、さされないひみつです。
>
> ⑤ クマノミを食べる 大きな魚は、イソギンチャクをこわがって、近づいてきません。だから、イソギンチャクの中にいれば、クマノミはあんぜんです。
>
> ⑥ イソギンチャクを食べにくる 小さな魚がいます。クマノミは、この魚が 近づいてくると、カチカチと音を立てて、おいはらってしまいます。こうして、イソギンチャクとクマノミは、たがいにまもり合っているのです。

※段落番号（文章全体での通し番号）は筆者が補足。写真は省略した。

ることを学んでいる。一方，この活動は，教科書の文章に自ら批判的な目を向ける第一歩となるものである。

活動は次のような流れで行っている。

①本文（説明文全体）を通読

②指定部分（表8-1の範囲）に関して，「よくわからないな」「おかしいな」という箇所に線を引き，書き込みをする

③上記の書き込みを4人グループで交流

④グループにつき1つずつ全体の場で発表

①の通読の後，私から「この文章わかりにくかったという人いる？」と尋ねるが，手を挙げる学生はまずいない。そこで，「本当にそうだろうか？」と問いかけて②の活動に移る。②③を経ると，学生はさまざまな疑問点を見つけ出してくる。ある授業で出された例を見てみよう。冒頭の数字は段落番号を表している。

⑤&⑥　「大きな魚」はイソギンチャクをこわがるのに，「小さな魚」はイソギンチャクを食べにくるというのはどういうことか？

図8-2 グループワーク「『サンゴの海の生きものたち』の検討」

③ 「うかんでいます」よりも「およいでいます」のほうが適切ではないか？
④ 「ねばねばしたえき」でおおわれていることが「さされないひみつ」とあるが、なぜ「ねばねばしたえき」でおおわれているとさされないのか？
④&⑥ 「小さなどうぶつ」はイソギンチャクが食べる、「小さな魚」はイソギンチャクを食べるとあるが、「小さなどうぶつ」と「小さな魚」はどう違うのか？
④ 「さされると　たいへんなことになります」とあるが、「たいへんなこと」とは何か？
③ 「大きなイソギンチャクがいますね」とあるが、写真からは大きいか小さいかわからない。
⑥ クマノミが立てる「カチカチ」とは何の音なのか？
⑥ 「カチカチ」の音で「小さな魚」を追い払うとあるが、「小さなどうぶつ」を追い払ってしまうことはないのか？
④ 「さされると　たいへんなことになります」と「でも、さされることはありません」は矛盾していないか？
③ 「しょく手の間に」とあるが、写真を見る限り、クマノミは「しょく手の間」にはいない。
⑥ 「たがいに　まもり合って」とあるが、守っているつもりはないのではないか？

　学生が挙げたこれらの疑問点は教科書の文章のわかりにくさを突くものである。それをさらに深めるために、筆者は、一例として「ねばねばしたえき」の箇所の問題を取りあげ、その分かりにくさについて学生に考えさせている（今のところこの箇所の問題が学生から出されなかったことはない）。
　次の2つの文章を板書して学生に比較させる。

| A　ねばねばしたえきでおおわれています。これが、さされないひみつです。 |
| B　かたい殻でおおわれています。これが、さされないひみつです。 |

　ほぼすべての学生が、Bのほうがよくわかると答える。そこで、なぜそうな

のか，なぜAの教科書の文章のほうはわかりにくいかを考えさせる。学生からは，「Aはイメージがわきにくい」「『ねばねば』と『さされない』は結びつきにくい」などの答えが返ってくる。さらに，「ナメクジはねばねばだけど簡単に刺せそうだから，『ねばねば』だと『さされない』というのはよくわからない」といった，経験と結びつけての意見も出てくる。それによって，教科書の文章がしばしば，実感に即して納得しながら読み進めることができないものになっていることを学生に気づかせている。

　このグループワークの後，さらにいくつかの補足資料を配って活動を行う。各資料の内容とその使い方を簡単に示しておこう。

・クマノミとイソギンチャクの関係について子どもを対象に書かれた別の文章（武田正倫『さんご礁のなぞをさぐって』文研出版，1990年，53-60頁より）……教科書の文章と比較させて教科書の文章の「わかりにくさ」について考えさせる。
・教科書準拠の問題集より「サンゴの海の生きものたち」のページ（設問はたとえば，「クマノミが，イソギンチャクにさされないのはなぜですか」と尋ねて「ねばねばしたえきでおおわれているから」と答えさせるようなもの）……設問を解かせ，国語の「テスト」（ときには授業も）がただ本文の抜き書きを求めるだけの，頭を使わせないものになってしまっていることに気づかせる。
・中学校社会科教科書のコピー……「幕府を開いた」や「米づくりがさかん」など，わかった気にさせられているが実はよくわからない記述が他教科の教科書にも出てきていることに気づかせる。

　この授業についての学生の感想を2つ示しておく（2008年度の阪大「教育課程論」でのコメント）。

　　　　今日の授業は衝撃的だった。「教科書＝正しい」と知らない間に思い込んでる自分がいることに気づいた。よく読んでみると疑問点も多々あるのに……。

　　　　教科書を批判的に読むというのはとても興味深かった。例に示されたようなテストに答える訓練のようなもの，文中に書かれていることを正確に理解するための板書などばかりだったので，疑問に思う術より，先生の意図を読む術ばかりが上手になっていっていた気がします。

教科書に疑問をもちながら読むということは，多くの学生にとって新鮮であるらしい。その経験は，学生たちに自らの学びのあり方を振り返らせることになる。

一方，次のような感想が出される場合もある（2007年度の阪大「教育課程論」でのコメント）。

> 僕は正直教科書を読んでもなにも疑問に思わなかった。今回はあえて批判的に見たかもしれないが，別に批判的に見なくても意味が通じればそれでいいと思った。

50～100人に1人くらいの割合でこうした感想が出てくる。批判的に見ることの意義を十分に理解させられていないのである。批判的に見ることでいったい何が可能になるのか，逆に，それをしないことで何を潰してしまうのかを学生がより意識できるようにする必要がある。

この授業は，その点でまだ課題を抱えている。正しいと思っていた教科書に疑問点があるという気づき，教師が教科書を批判的に読む必要性の理解，納得しながら読むことができる文章の条件の理解など，複数のレベルの問題を一度に扱っており，焦点をしぼりきれていない。それが一部の学生の消化不良を招いているとも考えられる。

「サンゴの海の生きものたち」を用いた授業は，その後の成績評価対象課題とそのグループワークにもつながるものである。阪大「教育課程論」では，自ら教科書を選んで批判的に検討し，問題点を述べるという課題，経大「教育方法論」では，教材文「ありの行列」の問題点を指摘する文章を書く課題を行っている。

4．個的・受動的授業観への取り組み

最後に，固定的イメージ③〈個的・受動的授業観〉への取り組みを見ていく。実はこの，先生が前に立って解説し生徒は各自ノートを取ったり教科書を読んだりするのが授業であるという考えを打ち破るための取り組みは，毎授業を通して行っていることになる。グループワークの活用はその端的な例であり，筆

者は，上記のような授業とは異なる形の授業のあり方を，自らの授業で示し学生に経験させているつもりである。一方，それとは別に，直接的にこの問題を取りあげて行っている授業もある。「協同学習の意義と方法」に関する授業である。これを中心に報告する。

授業「協同学習の意義と方法」

阪大「教育課程論」で行っている。学生たちはすでに，毎回の授業でのグループワーク，ジグソー学習形式のグループワーク（課題「教育課程の変遷」において社会科，国語科，道徳，総合的な学習の時間をグループ内で分担），「チェーンレター」の体験（中学校英語教師中嶋洋一氏によるもの）など，小グループにおいて協同で学ぶ経験を重ねてきている。また，協同学習を取り入れているフィンランドの授業のVTRを見ての学習も行っている。それらをふまえて，協同で学ぶことの意義と方法に焦点を当てるのがこの授業である。以下のような流れで進めている。

①競争的な学習と協同的な学習，同質集団における学習と異質集団における学習を比較した文章（佐藤学『習熟度別指導の何が問題か』岩波書店，2004年，31-38頁より）を読む → 競争の限界について考える

②ワークシートのa～cについて各自で考えを記入する → グループワーク → 全体の場で発表

③ジグソー学習の実践例での発話記録（西川純『学び合う教室』東洋館出版社，2000年，80-81頁より）をもとに，ジグソー学習形式がもたらす違いとそ

表8-2　「協同学習の意義と方法」の授業で用いるワークシートの項目

a．「教育課程論」「特別活動の研究」で経験してきたグループワークにはどんなものがありましたか。
b．グループワークを用いた学習の長所（グループワークでなければできないこと）は何だろうか。
c．グループワークを用いた授業の短所として考えられるものは何だろうか。
d．田尻先生の授業VTR。グループワーク・ペアワークを有意義なものとするために工夫されている点は？
e．ジグソー学習を取り入れた授業のプランを考えてみよう。

の理由について考える

　④田尻悟郎先生の授業VTR（NHK「わくわく授業」より　※この授業ではジグソー学習形式が使われているが、番組の中では言及されていない）を見て、ワークシートのdを記入　→　グループワーク

　⑤ワークシートのeを記入　→　グループワーク　→　全体の場で発表

　ほとんどの学生は、小中高での経験や筆者の授業でのグループワークを通して、協同で学ぶことに一定の意義を感じている。一方、小中高で行っていた「班学習」が退屈だったという学生も多い。そうした経験に根ざした意見が②では出てくる。グループワークの「長所」として、「多くの意見が出てくる」「一人で勉強するときよりも頭を使う」「プレゼン力、聞く力をつけられる」、「短所」として、「意見の言いっぱなしになることがある」「だらだらして終わる」「人間関係が影響する」などが出される。それらをふまえて、ただグループにすればよいというわけではないこと、協同の特質を活かすにはそれ相応の方法が必要であることを説明し、③以降に進む。協同学習の方法の一つとして、学生もすでに経験しているジグソー学習を取りあげ、その特徴や活用方法について考えさせている。

　授業の感想を紹介しておこう（2008年度の阪大「教育課程論」でのコメント）。

　　　今まで受験勉強をしていた頃は、他人と競争して自分が勝ち上がっていくという勉強パターンばっかりで、協力した方が学力が上がるなんて考えたこともなかったので、カルチャーショックを感じました。

　　　協同学習の短所で、普段の人間関係が影響するという意見が出ました。たとえば、もし同じグループにケンカ中の子やいじめられている子がいたら……？　しかし、短所は長所にもなりえるわけで、協同学習によって人間関係が修復されることも大いにあり得ると思いました。

一方、次のような感想もある。

　　　「競争型」と「協力型」で協力型の方が成績が上がったと聞いても、やはり納得ができない点もあります。なぜ協力型であれば学力の向上が見られるのか、競争型の方が普通に考えたら結果を出せそうなのに……と考えてしまいます。

競争こそが学力を伸ばすと信じている学生は多い。「競争でも，負けたら逆に見返してやろうというやる気が起こるという意見もうちで出たのですが，それはやればできると思うことのできる私たちだからだと思います」「僕はいつも下位クラスだったが，何となく勉強なんてどうでもいいと思ってたときもあった」のように，置かれている状況とのかかわりに注目する感想も出ているが，全体としてみれば，競争に対する信仰は強固である。

その点で，この授業にはまだまだ改良の余地がある。「競争」「協同」という大括りで対比させるのではなく，競争が効果を発揮するとすればそれはどんな場合かなどより細かく見る必要があるだろう。協同で学ぶことの意義について学生がより明晰に理解できるような活動の開発に取り組みたい。

阪大「教育課程論」ではこの「協同学習の意義と方法」の授業の後，「構成主義の学習観」を取りあげた授業へと進んでいる。異質集団の中での協同的な学習の意義をより深く理解するには，学習の仕組みそのものについて考えを広げなければならないからである。

5．おわりに

本章では，筆者が「教育方法論」「教育課程論」で行ってきた，学生が学校での学習に対してもっている固定的なイメージを問い直すための取り組みについて報告してきた。「はじめに」で述べたように，筆者は，現在の学校教育の実態に適合的な「すぐに役立つ」技法を教えることだけが大学の教職課程の授業の役割ではないと考えている。むしろ，現行の制度や慣習にときとして疑いの目を向け吟味していく力の育成こそが大学の授業固有の役割であると考えている。もっとも，だからといって大学の教職課程の授業が学校現場から遊離してよいということにはならない。筆者は，本章で示してきたように，実際の教科書の文章や授業のVTRを題材として取りあげ，問題点や対案を具体的に考えていくというやり方をとってきた。これは，筆者なりの教師の「実践的力量」を育てる試みでもある。筆者の取り組みについて忌憚のないご批判をいただけると幸いである。

なお，本章は，拙稿「学校での学習に対する固定的イメージを問い直す教育方法論・教育課程論の授業」（全国私立大学教職課程研究連絡協議会『教師教育研究』第23号，2010年）をもとに再構成したものである。

9 グループ活動を効果的に使った授業の紹介と考察

冨岡　勝

1．学生自治の歴史的研究と授業へのグループ活動

　本章では，グループ活動にこだわった実践を紹介していくが，教職科目を担当するすべての大学教員がグループ活動を取り入れなければならないとは思っていない。各教員が自らの持ち味を自覚しながら授業を工夫していけばよいと思う。筆者は，以下のような関心からグループ活動を使った授業を自分の持ち味にしていきたいと試みているだけである。しかし，違った持ち味の教員が相互交流することは重要であろう。

　筆者は教職課程の授業を担当するとともに，旧制大学や旧制高等学校などの寄宿舎や課外活動（校友会活動）など，学生を人間的に成長させたといわれる自治的活動の成り立ちについて研究を続けているが，そのなかで各自治的活動の開始が，学校側からの教育的働きかけによって実現することが多かった事実を目にすることが多い[1]。たとえば旧制高等学校の生活といえば，蛮カラ風俗と寮生活がしばしば想起されるが，著名な旧制一高の寄宿舎の生徒自治の慣習は，生徒たちの希望だけでなく，木下広次校長などの教育的配慮があって1890（明治23）年に始まったことはよく知られている[2]。また自治制が始まっても寄宿舎で「茶話会」や「兎狩り」などで教員と生徒の密な交流や対話が行われていたようである。

　教育史研究を通して得られたこのような見地を生かして，担当している教職課程の授業で，学生の自治的素養を少しでも向上させるような働きかけを盛り

込むことができないだろうかと筆者は考えてきた。そのささやかな試みとして，担当する教育史，教育学，特別活動，教育課程・教育方法などに関する科目の中で，授業の趣旨と組み合わせながら，学生たちがグループ内で意見を出しあいながら発表準備を進めていくような活動を取り入れる授業を模索し続けている[3]。

　教職課程の学生がグループ活動[4]を行う意味を考えると，教員となったときに同僚や保護者との協力関係を積極的につくり，多様な視点で教育に取り組んでいくために有効なことなので，筆者の試みはこの点でも意義があるだろう。

　ただし「グループ活動」や「参加型学習」は，それらを単に導入するだけでは有意義な授業にならないだろう。各授業の趣旨や条件の中で，実施方法を具体的に工夫していく必要がある。そこで筆者の試みを問題点も含めて紹介し，さまざまな方から批判をいただくとともに，実践交流の活発化に少しでも貢献したいと思う。

　現在筆者は，近畿大学において「教育の思想と歴史B」（Bは，歴史に重点），「総合演習」，「特別活動の理論と方法」，「教育課程・方法論A」（2007年度までは「教育課程・方法論I」）を担当している。このうち，2006年度前期の「教育課程・方法論I」での実践を「グループ活動を効果的に使った授業実践報告」と題して，2007年5月20日に全国私立大学教職課程研究連絡協議会の第27回研究大会（会場は東北福祉大学）第4分科会「ふだんの授業における教師教育実践の工夫」において，追手門学院大学の井ノ口淳三氏（報告テーマ「学生相互の交流を生かした授業実践報告」）とともに報告する機会が与えられた。

　以下，この報告の概要を紹介するとともに，会場で出された質疑を手がかりにしてこの実践の問題点を考察し，その後の取り組みについても一部述べていきたい。

2．「教育課程・方法論I」実践報告の概要

(1) 近畿大学における教師教育と報告の目的

　報告者の所属する近畿大学は，教員養成学部をもたない総合大学であるが，本部キャンパス（東大阪市）だけで法・経済・経営・理工・薬・文芸の各学部

と短期大学部のあわせて2006年度で約400名（2009年度は約480名）もの免許取得者が出ているが，近年は卒業生を実際に教員として教育現場に送り出すための努力が強められている。

2004年には教育実習とは別に学校教育の現場で指導補助を経験するスクールインターンシップ・ボランティアが本部キャンパスでスタートし，さらに教員養成試験対策の支援として，Eメールと個別指導を通して論作文を指導する「論作文対策Eメール講座」，採用試験への勉強の仕方を指導する「スタート講座」（合格者パネルディスカッションも含む），1週間にわたって採用試験対策の集中講義を行う「春期集中講座」，年に数回模擬面接のスタイルで指導する「面接講座」などを充実させつつある。また，教職をめざす学生の自主サークルが2005年に結成され，合計300名ほどの学生たちが教員採用試験の勉強などを自主的に進めており，教員も面接練習などに積極的に協力している。

このように学内では教員養成についての気運が高まり，結果として教員採用試験の合格者も増加傾向であるが，課外の採用試験対策だけでなく普段の授業をどうやって充実していくのかも問われているだろう。

2006年には，次の3点を柱とする「近畿大学における教員養成の理念と目的」が定められた。

「真に教育者たるにふさわしい人間性の育成」
「教員に求められる専門性，実践的指導力の養成」
「自ら資質を向上させ続ける自己教育力の獲得」

このように理念として専門性・実践的指導力の養成や人間性・自己教育力の育成を掲げるのであれば，普段の教職課程の授業の中でそれらが具体的に追求される必要があるといえる。しかしそれは簡単なことではない。

たとえば教職科目のうち1・2年生も受講可能な科目では100名を超えるような大人数授業もあり，上記の理念の実現に向けて授業に工夫を加えようとしても，教員の負担を考えると制約がある。

そんな中，報告者は担当科目の一つである「教育課程・方法論A」において，グループ活動を効果的に用いて専門性・実践的指導力の養成と人間性・自己教育力の育成の両立をめざす授業を，約130名の受講生とともに試みた。

(2) 2006年度前期「教育課程・方法論Ⅰ」の実践

紹介する授業は2006年度前期の火曜日第3時限に実施された「教育課程・方法論Ⅰ」(2007年度からは「教育課程・方法論A」に改称)で，1・2年生を中心に約130名が受講した。

この授業で主な目標としたのは，教育課程や教育方法に関する基礎的知識を提供するとともにグループで授業計画(35時間分の概略)の作成や発表を体験することを通して，教育課程を編成する意義を理解するとともに将来教員として積極的に教育課程編成に携わる意欲を育てることであった。異なる学部の学生が集まるため，特定の教科ではなく，総合的な学習の時間の授業プランをつくることとした。

もう一つの目標は，グループで他の学生と協力しあって授業プラン作成・発表を実行することを通して，多様な視点をもった他者と意見交換しながら責任もって物事を進めていくような「自治能力」の基礎となる力を伸ばして人間性を高めようとすることであった。異なる学部の学生が教職の授業に集まるという特徴を利用して，「異なる学部・学科の学生のネットワークづくり」のきっかけになることも期待した。

さらに，発表後，1時間分の詳細な指導計画を含む最終レポート(試験に代わるもの)を各人で完成させることで自己教育力の育成もめざした。

授業の主な流れは次のようなものであった。

```
「私はこんな授業を受けてきた」というテーマで話し合い(第1回)
            ↓
    教育課程と教育方法・理論の基礎を紹介(第2回〜第4回)
            ↓
「総合的な学習の時間」実践例を第一次グループで検討(宿題レポート1)(第5回)
            ↓
「総合的な学習の時間」の授業プランを第二次グループで準備(第6回〜第9回)
    発表レジュメ(A4判1枚)と模造紙のポスターを作成
            ↓
    授業プランの発表(第10回〜第12回)
        ポスター発表(5分間)
            大教室を利用して10カ所以上に分かれ，同時に10回以上くりかえし
            ↓
```

「各週の最も印象に残った班」による再発表（第13回）
　＋　宿題レポート２（最終レポートの下書き）
　　　　　↓
まとめ（第14回）
　　　　　↓
最終レポートの提出

　つまり，教育課程と教育方法理論の基礎を前半の授業で集中的に提供しながら，学生各人が受けてきた授業の経験を相互交流する。後半の授業ではグループで話しあいながら総合的な学習の時間の35時間分の授業プランづくりを通して，教育課程編成の意義などを体験的に学習する。大教室における100名を超える大人数であっても，ポスター発表という方法で全グループが発表を経験してさらに多様な視点を学ぶ。最後に受講生各人が最終レポートとして１時間分の詳細な指導計画（テーマはグループ発表のものでも個人で構想したものでもよい）づくりも経験する，という流れである。

　内容上の制約の少ない総合的な学習の時間の授業プランを考えるので，学生たちがかなり自由に「やってみたい授業」のアイディアを出しあうことができ，それが教育課程を編成する意義の理解を促進するのではないか，グループでつくったプランをポスター発表するというのは，担当教員だけが評価する場合に比べ，他グループの学生からの反応が直接来るので，学生にとってよい意味でのプレッシャーが増え，グループ活動により責任感が生まれるのではないか，と考えた。

　毎時間の学生の感想カードから，学生の理解度やグループ活動の困難度を知るようにした。

　たとえば，発表準備の最終段階である第９回の感想では，136名の出席者のうち，①グループでの準備が順調だとするコメントが58名，②準備が難行していると思われるコメントが21名，③準備が順調かどうかは判断できなかったコメントが29名であった。

①「準備が順調」のコメント例
　「各自がやるべきことをして，今週もスムーズに進んだ。心地良かった。班で順調に進んでいるので安心です」
　「班の絆がふかまった」
②「準備が難行」のコメント例
　「ポスター作り，間に合わなさそうなので，持って帰ってやることになりそう。しんどいです」
　「班を一つにまとめるのはむずかしい」
　「作業するのが大変で，とてもつかれた。教師は毎回こんなことをしているのかと，実感した」
　「なかなか案が出てこないというのはしんどいものだなと思いました。進行するって大変ですね」
③「どちらでもない」のコメント例
　「発表するのは大変だけど楽しみです」
　「この授業でつかってるテーマについて深く知っていこうと思う」

　この結果から，短期間での発表準備に負担を感じているとコメントした学生が1割強存在しているが，授業づくりの大変さとともにやりがいを感じている学生，発表テーマに関する関心を深めている学生の姿を見ることができる。

　また第14回授業での感想カードでは授業全体へのコメントや当日の授業（学生から選ばれた代表班の全体発表）へのコメントを求めたが，出席者122名のうち，①授業全体を通して良かったとするコメントが46名，②授業全体への感想は書いていないコメントが59名，③授業全体について不満のコメントが3名であった。その内訳とコメントの例は次の通りである。

①授業全体について良かったとのコメント
　①-a　グループでの発表が良かった……11名
　　「知らない人と話したりすることがいい体験になった。前より少し社交的になったと思う」
　　「周りにとっても授業作りがうまい人達がいて刺激を受けた」
　　「この授業は人数が多く，色んな人の意見などを聞けて，楽しく学ぶことができたと思います」
　①-b　発表体験が良かった……3名
　　「発表することには不安があったが，自分なりにはできたと思う。すこし発表することに慣れた」
　　「人前で発表することの厳しさを学びました」

①-c　総合的な学習の時間について考えることができた……17名
「総合的な時間がこんなにもむずかしいとは思わなかった。いい勉強になった」
「この時間で，今まで無駄だと思っていた総合の学習がとても貴重で重要なものであることがわかりとてもタメになった」
「授業のやり方を考えるのは楽しかった」
①-d　教員の難しさを知った……4名
「この授業を通じて，改めて教員の大変さが分かったと同時に，やりがいのある仕事だと再認識できました。四年後に教員になることができるように，頑張ります」
「生徒に何か伝えようとする授業内容を考えるのは難しい。けどそれが生徒に伝わった時はすごく嬉しいと思う。先生とはやりがいのある仕事だと思います」
①-e　その他……11名
「実際，自分一人で授業内容を考えていると，いろんな方向から見ることができなくて難しかったです。授業を受けて，自分の思っていたほど授業を作るってのは難しいと思いました」
②授業全体については中間的なコメント
②-a　この日の発表について……30名
「今日発表してもらった班は，難しい題だったのにも関わらず，調べる内容というのが，とても明確だったので，たいへんよかったと思います」
「発表したあとにもっとよくするためのアドバイスをもらえてよかったです。最終レポートにそれを生かしたいです」
②-b　宿題レポートについて……29名
「A（優）を取ることができるように，もっと具体的に誰が見ても分かるように書くように努めます」
③授業全体について不満のコメント……3名
「たいへんだった」
「やる気がどうも出ずナーナーで終わった」
「ほとんどの人がしっかりとした意見を持っている。それなのに（教室全体で）意見・質問を述べるに際してはみんな沈黙してしまう。そんな環境で私が意見をすれば白い目で見られる。また発表者も，またあいつか……といった顔をする。非常に悲しい思いをする。日本人に特有かもしれないが，将来こうとばかりも言っていられない。そういった環境作りもまた教師の課題かもしれない」

(3) この実践の成果と考えること

　意外だったのは，学生たちは人数が多いことによるデメリットについてほとんど述べていなかったことである。もしそうだとすれば，担当教員の負担が過重にならないよう工夫していけば，100名以上の人数でも今回のような形式の授業が成立する見通しが得られたように思われる（もちろん私自身，授業の人

数は多すぎないほうが望ましいと考える）。

　学生諸君の協力もあって，100名以上の大人数授業であっても，最初に「個人間発表」を導入として意見交換しやすい雰囲気をつくりながら，基礎知識を伝えた上で，授業プラン作りをグループ発表で体験し，相互にポスター発表をすることが何とかできた。これらを通じて，仲間と協力しながら授業計画や授業方法を工夫していこうとする意欲を引き出し，そのための理解を深めさせ，他の学生と意見交換しながら責任もって発表を実行し，以後もひきつづき深めていく授業テーマを発見するといったことを少しは達成し，「専門性・実践的指導力」の養成と「人間性」「自己教育力」の両立の実現に，わずかではあるが近づくことができたのではないかと考えている。

　ただし，③のコメントを書いた学生がいたことはきちんと受け止め，たとえばゆきづまった学生や不満を感じた学生から事情を詳しく聞いて，個別にアドバイスしたり，より発言しやすい授業の雰囲気づくりに努めるとともに，発表の質を高める工夫も重ねていきたい。

3．当日の質疑を手がかりにした考察

　概ね以上のような報告をしたのだが，分科会の質疑応答の際，筆者の報告に関連した質問を数多くいただき，重要な指摘をいただいた。そのいくつかを紹介しながら，考察をしてみたい。考察に関連して，その後の筆者の実践についても部分的に触れていきたい。

(1)「指導力不足教員の問題を意識して教職課程の授業中に工夫している点はあるか」

　筆者はこの質問を受けるまで，自分の行っているグループ活動を使った授業が，近年マスコミなどでも取り上げられる指導力不足教員の問題と関わりがあると考えていなかった。質問の趣旨を聞くと，指導力不足教員と呼ばれる教員の多くは教科の指導力というよりは，コミュニケーション能力などの不足が目立つので，教員として採用以前に大学の授業でコミュニケーション面など人間性を磨く経験をすることが有効ではないか，ということであった。たしかに広

い意味では大学の授業でグループ活動などを通してコミュニケーション能力を磨いておくことがよい影響を及ぼす場合があるのかもしれない。しかし指導力不足教員の問題については，具体的に何が問われていて大学の役割が何であるのかについて，学校現場と具体的な対話を重ねながら考えていきたい。

　また，大学の教職課程の役割は「板書方法や学習指導案など教員になってすぐに役に立つレベルでの指導」がメインとなるのか，「教育に関する根本的な教養を高めること」にあるのか，という議論が分科会で行われた。筆者は，基本的役割は後者の根本的部分であると考えるが，すぐに役に立つ事柄も，マニュアル的な指導ではなく学生と教員との話しあい（あるいは中学・高校の現職教員との対話なども将来実現できるとよいかもしれない）を含む研究的手法で指導するのなら，大学で指導することがあっても構わないと考える。

(2)「1年生対象の大人数授業の難しさをどう考えるのか」

　この質問の趣旨は，大学での学習に慣れていない1年生対象の授業は2年生や3年生を対象とした授業とは異なる難しさがあるのではないか，また1年生対象の授業は大人数となってしまう場合が多いことも難しさに拍車をかけているのではないか，ということであった。

　たしかに指摘していだいた難しさはあるが，逆に1年生は新鮮な気分で意欲的に授業を履修するため，1年生を対象にした授業は可能性もあると筆者は考えている。たとえば，グループ活動を使った授業も，筆者が見る限り1年生は他学年に比べてよりスムーズに参加しているようだ。「教職課程ではゼミ形式でない講義形式の授業でも，グループ活動などで学生自ら動くことも求められる」ということを1年生に体験的に伝えることができれば，その後の授業への積極的態度を引き出すことができるかもしれない。この意味で1年生対象の講義には，難しさとともに可能性も感じている。

(3)「教職課程全体の中で授業ごとの役割分担の検討について組織的な取り組みはあるか」

　この質問の意味は，特定の授業の工夫だけでは限界がある，ということであろう。たしかに，特定の授業だけで実現できないことを補いあう，といった発

想は重要であるが，授業方法は各教員の持ち味や研究の成果を生かしながら柔軟に工夫していけるようにする方がよい，とも考えている。「この授業は○○的科目だから○○形式」と機械的に決めるのではなく，まず教員相互が同僚の授業についてよく知るということから始めるのがよいだろう。筆者の職場でも2009年度から教員相互が特定の期間に授業を参観して感想を述べあうというピア・レビューを開始したが，この取り組みを重ねていくのも一つの方法だろうと思う。

(4)「学生参加型授業のグループ活動に"参加したがらない学生"をどうするか」

グループ活動を実践している他の参加者からの具体的な質問を数多くいただくことができた。こうした交流は貴重だと思う。そうした質問の一つを手がかりにして考察したい。

この質問の趣旨は，授業中のグループ活動に"参加したがらない学生"が，実はオリジナリティのある意見をもっていることがあり，参加を強制しなくてもよいのではないかと考えているとのことであった。

筆者の担当している授業は，幸い他の担当者による同一科目の授業も違う曜日に開講されていたため，初回授業で「教員になるために必要な力をつけるためグループ活動には必ず参加してほしい。どうしても同意できなければ別の担当者の授業を選択する自由もある」と宣言するようにしていた。

ただ，前半の回の授業では最初から固定したグループをつくるよりも，流動性のある形式のグループ活動をした方が学生がグループ活動に慣れやすいようだ。そこで2007年度より前半の授業では次のような手順での「個人間発表」と称する1対1の活動[5]を何度か実施するようにしている。

> 授業内容の中心部分を話しあいのテーマとして提示（例「各学校で教育課程を編成することの意義は何だと思うか？」）し，関連する知識を講義。
> ↓
> 「話し合い用シート」（A4判）に意見の骨子を箇条書きで記入（5分間〜10分間）
> ↓
> 席を移動して「まだ話したことのない人」を探してペアを組む

↓
各ペア内で2分間ずつ相互に意見を伝えあう
↓
互いのシートの裏に，発表のよかったところなど，コメントを記入（2分間）
↓
次回授業で，シートの何枚かを縮小印刷して配布しながら筆者が解説

単純な方法だが，多様な学生と話す，シートを使う，時間を区切る（短時間で話をまとめる練習として説明），コメントを書く（相手の話をできるだけ本気で聞く）という要素を盛り込んでみた。ほとんどの学生は，この方法にはスムーズに馴染むようだ。ただし，「まだ話したことのない人」を自分から探しに行かない学生は1割～2割程度見受けられる。その都度声をかけているが，どの程度強制力を使うかは，学生の様子を見ながら試行錯誤している状況である。

(5)「この科目の免許法上の位置づけは何か」「総合的な学習の時間だけでなく，他に教えるべきことがあるのではないか」「総合演習との関係はどうなっているのか」

この三つの質問の趣旨はおそらく，筆者が報告した授業が「教育課程・方法論Ⅰ」の授業で本来教えるべき内容から離れ，総合的な学習の時間の指導計画づくりに偏り過ぎているのではないか，ということであったと思う。報告している間はこのような疑問が生じることをまったく考えておらず，報告の中で丁寧に説明できていなかった点であった。

さらに，「その分野で教えるべきことを伝えるための時間とグループ活動に使う時間は基本的にはトレードオフになっていて，そのバランスを考えなくてはならない」という指摘も受けたが，これも上記の点に関連しているだろう。グループ活動は多くの時間が必要であるが，学生にとっても教員にとっても「楽しい」ため，場合によってはグループ活動に時間を使いすぎ，教えるべき内容を伝えることが手薄になってしまうという落とし穴がたしかに存在する。この点は今後警戒していきたい。

少々長くなるが，この授業のカリキュラム上の位置づけを説明しておきた

い。「教育課程・方法論Ⅰ」は「教育課程・方法論Ⅱ」とともに，教育職員免許法施行規則において，「教育課程及指導法に関する科目」として「教育課程の意義及び編成の方法」と「教育の方法及び技術（情報機器及び教材の活用を含む。）」を内容に含める科目として近畿大学で設けられた科目である。中学校免許取得希望者は両方とも必修であり，1年生から受講できる。各教科・道徳・特別活動の指導法についてはそれぞれ別に授業が設けられているので，「教育課程・方法論」は教育課程と教育方法に関する入門的な科目として位置づけられると考えて良いだろう。「Ⅰ」「Ⅱ」ともに教育課程と教育方法の双方を扱いながら，「Ⅰ」はどちらかというと教育課程のほうに重点がおかれ，「Ⅱ」は教育方法の比重が高くなっている。

　「総合演習」との関係であるが，文科省からは「総合演習は，総合的な学習の時間の授業プランの編成や指導方法はメインで扱う科目ではなく，人類的な課題についての知識や理解を深めることを主眼とする科目である」という趣旨の指導が大学に伝わっていたので，総合的な学習の時間の教育課程や教育方法も「教育課程・方法論Ⅰ」の守備範囲ということになる。

　つまり「教育課程・方法論Ⅰ」は「教育課程の意義及び編成の方法」の基礎を扱いながら，「教育の方法及び技術」についてもある程度触れることが求められた科目であるといえる。筆者の実践では，「教育課程の意義及び編成の方法」に関する基礎知識を解説しながら，35時間分の大まかな授業プラン（分野は，多様な学部の学生が受講するため，総合的な学習の時間を扱った）をグループ活動によって作成する体験をすることで，教育課程の基準を理解した上で教育課程を編成していこうとする意欲をより高めていきたいと考えた。しかし，この点が聞き手に明瞭に伝わらなかったということは，この科目で教えるべき内容と，グループ活動での目標との関係が受講学生に正確に伝わらなかった可能性もある。そうであるとしたら，この授業の重大な問題点であろう。以後，授業計画を立てる際には，この点について毎年検討を加えることにしている。

　たとえば2009年度は，授業の前半を次のような流れで行った。2006年度の授業と比べ，教育課程の意義・編成方法，教育方法，教材の活用などに関する各時のポイントの明確化に努めている。まず，その日の授業のポイントを説明したあと，そのポイントに関連するテーマをプリントで示して話しあいを行う。

話しあいを行った後には，各時の意見のポイントと他の学生からの短いコメントを記録した「話しあいシート」を提出させ，次回授業でその一部を縮小印刷して解説を加える。このようなサイクルで，各時間の授業テーマの明確化と理解の深まりをめざしているところである。

 第1回 話しあい「私はこんな授業を受けてきた」（個人間発表）
 第2回 教育課程の意義
  話しあい1「各学校で教育課程を編成することの意義は？」
  話しあい2「学習指導要領の意義は？」
 第3回 教育課程編成の方法……学習指導要領を手がかりに
  話しあい「中学校学習指導要領総則のなかで，もっとも気になる用語は何か，それはなぜか」
 第4回 さまざまな教育方法
  話しあい「大村はまの実践をビデオで見て，どの工夫にもっとも注目したか，自分ならどのような工夫をしたいか」
 第5回 宿題レポート1の提出と話しあい
 第6回 「総合的な学習の時間」授業計画発表用の班編制
 第7回 教材の活用と情報機器の効果的活用
  話し合い1「ある中学校教師の実践のビデオを見て，教材の活用でもっとも注目したのはどのような点か」
  話し合い2「情報機器の気負わない実践的な活用例のプリント見て，自分なら情報機器を授業にどのように活用したいか」

2007年5月の分科会で報告の機会を与えられてから時間が経ってしまったが，当日いただいた貴重な質問のおかげで自らの実践を新たな視点から考え直すことができた。筆者の記録が不十分なため質問していただいた参加者の氏名を省略したが質問していただいた方，報告を聞いていただいた方，そして筆者の授業に参加いただいた学生諸君に改めて感謝したい。

■ 注

1 たとえば拙論「旧制高校における寄宿舎と「校友会」の形成―木下広次（一高校長）を中心に―」（『京都大学教育学部紀要』第40号，1994年，237頁〜246頁），「京都帝国大学における寄宿舎「自治」の成立とその変化」（『日本の教育史学』第38集，1995年，116頁〜134頁），「第一高等中学校寄宿舎自治制導入過程の再検討（その一）―

木下広次赴任以前一」(『1880年代教育史研究年報』第1号, 2009年, 85頁〜105頁)など。
2 第一高等学校寄宿寮『向陵史』第1巻, 1913年, 1頁〜4頁。
3 特別活動に関する授業の実践を拙論「学生による調査・発表を中心にした『特別活動論』の授業」(近畿大学教職教育部『教育論叢』第14巻第1号, 2003年, 29頁〜43頁)で紹介したことがある。
4 教職課程の授業にグループ活動を導入することの有効性や実現可能性について, 山口和宏「班活動を取り入れた「公民科教育法」の授業」(『公民教育研究』第2号, 1995年, 51頁〜61頁), 同「「ディベート」を取り入れた教育行政の授業」(『京都大学高等教育研究』第1号, 1995年, 78頁〜86頁)から示唆を得た。
5 1対1の話し合いを授業の中に導入することの有効性について, 齋藤孝『実践！齋藤メソッド　生きる力を鍛える』小学館, 2006年から示唆を得た。

10 学生による授業評価と授業改善
―「教育方法学」とともに10年の歩み―

冷水 啓子

1．はじめに

　筆者の勤務する大学において現在実施されている「学生による授業評価」アンケート調査は，2002年度秋学期（後期）に開始されてから2010年度で9年目を迎える。現行のアンケート調査は全学・各学部 FD（Faculty Development）推進委員会により全学で一律に行われているが，それ以前は文学部（現在の国際教養学部で1996年度～2002年度春学期に実施）や社会学部（1998年度～2002年度春学期に実施）において，学部 FD 活動の一環として独自に調査が行われていた。筆者は文学部の第1回調査（1996年度）から参加しているため，14年にわたる「学生による授業評価」アンケート調査にかかわってきたことになる。

　アンケート調査の開始当初から，筆者は自身が担当する4つの教職課程科目で参加してきた。それらは，「教育方法学」「教育心理学」「視聴覚教育」そして教科に関する科目（高校・公民科）としての「心理学」である。実際に調査を始めてみると，予想を超えた学生たちの厳しい眼に直面した。授業を担う教員としての自負心と学生の評価との隔たりに疑問をもち，これはなぜなのか，自分の担当科目についてだけでも見極める必要があるとして，とりあえず手もちのデータを分析してみようと考えた。

　それから約10年，授業評価に影響を与える要因にどのようなものがあるかについて，大学から提供された4つの教職課程科目に関する素データを統計的に処理しながらさまざまな角度から考察を行ってきた。そのうちの主な結果は大

学の紀要論文などを通じて発表した。自分の担当科目のみを対象とした限られた範囲内での分析結果であるが，毎年継続して検討していくうちに，経験や直感に基づく予想を裏づけるような一貫した傾向が見えてきた。それらは，授業内容や履修者数による違い（冷水，2001），コンピュータ実習やコンピュータ教材提示システムを導入した授業方法の効果（冷水，2003a），学年や出席状況による違い（冷水，2003b），各質問項目と「満足度」との関連性（冷水，2005）などである。

　さらに，年度ごとの授業評価結果を考慮しながら，可能な範囲で授業方法の見直しと改善を行った。より効果的であろうと思われる授業方法を次年度のクラスで実際に使用し，評価結果を見てその効果を確認した（冷水，2006）。よい結果が得られたらそのまま続け，そうでなければまた別の方法を考えて次年度以降に実施して検証するという，いわゆる PDCA サイクルを実験的に試みてきたことになる。そして現在は，コンピュータ教材提示システム（2000年度当時としては新しいものであったが，今では大抵の講義室に設置されているシステム）およびコンピュータ実習を導入した授業方法を継続しつつ，左右の座席を詰めずに1つ以上空けて座るという条件つきの自由席方式を採用して数年が経ったところである（冷水，2009）。

　筆者の大学では，授業評価アンケート調査の後で授業科目ごとに結果が集計され，その概要が大学の Web ページ上で公表される。それとは別に教育方法学では，授業方法や教育測定・評価に関する資料の一部として，筆者自身が統計的に分析した結果を履修生へフィードバックしている。過去の学生たちの受講態度にかかわる客観的資料なので，抽象的な理論や一般的な技法の説明をする時よりも興味深く聞いてくれるようである。科目，授業方法，教室環境などの違いが授業評価へどのような影響を及ぼすかが，実感として理解できるからであろう。授業後に回収した出席カードにも，「授業の時間帯や人数によっても評価が違ってくるという結果にはとても驚いた」「座席指定と1つ置きの自由席との比較で，ほとんどすべての項目で自由席のほうがよかったが，このように数値化するとわかりやすい」などの感想が寄せられた。さらに，無記名によるアンケートの宿命でもあるが全質問項目で同一選択肢にマークする，ところどころとばしてマークするなどの不誠実で不適切な回答が減少し，授業評価

に応ずる態度そのものが向上した。また，「今まで授業ごとにアンケートをしてきたけれど，こんな風にアンケート結果をもとにどのように授業を展開してきたかを聞いたことがなかったので，ちゃんと活用してくれているとわかり，よかった」というコメントから示唆されるように，他者評価としての授業評価が果たす役割について学生たちの認識が高まったことも，波及効果の1つとして挙げることができる。

　そこで，これから，「学生による授業評価と授業改善」をめぐる筆者の教師教育実践の一端を「『教育方法学』とともに10年の歩み」として紹介したいと思う。教職課程の授業の中で特に「教育方法学」での実践に焦点を絞り，これまでの授業評価に関する分析結果に加えて折々の学生たちの反応や筆者の雑感なども盛り込みながら具体的に述べていきたい。

　第2節では，1999年度を境にしてその前後2年間における授業方法の違いによる効果について紹介する。2000年度以降に教育方法学で導入したコンピュータ教材提示システムとコンピュータ実習による教育効果が授業評価結果にどのような影響をもたらしたか，それ以前の2年間（1997・1998年度）の場合と比較検討した結果について述べる。ただし，この分析結果の詳細については冷水（2003a）を参照されたい。

　また第3節では，授業中の私語対策のために新たに導入した2種類の着席方式とそれまでの着席方式との違いを紹介する。特に2004年度から2007年度までの4年間にわたる教育方法学での授業評価結果の変容を取り上げ，どのような着席方式が効果的であったかについて授業改善の試みと関連づけながら述べる。この分析結果の詳細については冷水（2009）を参照されたい。

　そして第4節では，授業評価結果と教職志向との関係について述べる。いずれも筆者自身のデータ分析結果を中心に紹介することになるが，授業実践上の参考事例の1つとして読者の目に留まることができれば幸いである。

2．コンピュータ教材提示システムとコンピュータ実習の導入効果

(1) 文学部時代（1997〜2001年度）における教育方法学の授業改革
1) 授業方法の改革

　筆者の大学では，「教育方法学」は教職課程科目の中の「教職に関する科目」（随意科目）の1つとして開設されている。全学部・学科にわたる教職課程履修生を対象とする必修科目であるため，調査当時は，当該学生のすべてが2・3年次で履修できるよう，2クラスを毎年後期（現在の秋学期）に開講していた。その学習目標は，「教育の方法および技術」に関する基礎的理論と教育実践への応用について検討し，実践的指導力を身につけるための基礎作りを目指すことである。

　文学部当時の授業を振り返って見よう。1999年度に実施された筆者の海外研修による1年間の休講期間を境にして，それより前の2年間（1997・1998年度）とその後の2年間（2000・2001年度）との間に，授業改革ともいえるような大きな変化があった。第1は，2000年度以降，授業の内容と方法に関してコンピュータ利用が進展したことである。マルチメディア対応教室にコンピュータ教材提示システムと学内LANが導入され，教卓のパソコン画面（パワーポイントで作成したスライド，PDFファイル資料，Webページなど），OHC画像，ビデオ映像などを適宜切り替えながら教室の大型スクリーンやモニター画面に提示することが可能となった。それ以前は印刷資料を映したOHC画像やビデオ映像しか提示できなかったのである。さらに，本格的にコンピュータ実習を取り入れて，教育実習の時に実際に自分の授業で利用することを想定した上で，ワードやエクセルを用いた教材・資料プリントの作成に取り組ませた。

　第2は，それまでの授業評価結果を見て反省し，筆者自身の授業態度を改善したことである。たとえば90分の授業時間を有効に使う，教室環境を整備する，学生の授業理解度をこまめに確認することなどであった。成績評価も，それまでの論述試験を廃止し，教材・資料プリント作成とレポート課題，出席状況および出席カードに記入されたコメント内容などの結果に基づいて総合的に行った（ただし，諸事情により2003年度から論述試験を復活させた）。

2) 授業評価結果の変容

1999年度を除いて1997から2001年度にわたる教育方法学での授業評価結果を見ると，1999年度の前よりも後のほうが評価得点の平均値が高くなるという顕著な傾向が認められた。ほとんどの質問項目で統計的に有意となり，しかも分散分析後の多重比較検定によると，1997年度または1998年度と2000年度または2001年度との間で有意な上昇が認められた。なお，各質問項目の内容と評価結果については，表10-1と図10-1を参照されたい。

(2) 教材提示方法の改善やコンピュータ実習の導入による効果
1) 授業への理解や学習意欲の向上

評価を押し上げた原因として第1に考えられたのは，授業内容や方法が1997・1998年度と2000・2001年度とで大きく異なっていたことである。そのうち特にコンピュータ利用の進展が効果を及ぼしたのではないかと思われる。

表10-1 文学部（1997-2002年度）での学生による授業評価質問項目

質　問　項　目　（原文）	質問項目(省略形)
(2)「講義計画」にそって，予定通り授業が行われた	(2) 講義計画
(3) 授業内容に興味がもてた	(3) 授業に興味
(4) 授業内容がよく理解できた	(4) 内容理解
(5) 教員は，質問や小テスト，レポートなどにより，学生の理解度を測ることに努力していた	(5) 理解測定
(6) 教員の声や言葉は明瞭で，聞き取りやすかった	(6) 言語明瞭
(7) テキストやプリントを活用した授業の場合，その使い方が適切であった	(7) 印刷教材
(8) ビデオなど視聴覚教材を活用した授業の場合，その使い方が適切であった	(8) 視聴覚教材
(10) 遅刻や私語に厳しく対応し，教室の秩序が保たれていた	(10) 教室の秩序
(11) 教員の遅刻や休講が少なかった	(11) 遅刻・休講
(13) 総合的に判断して，有益な授業であった	(13) 有益な授業
(14) あなた自身は，この授業によく出席し，意欲的に学ぼうとした	(14) 出席・意欲

注）各質問項目への回答は「1. そう思う　2. どちらかと言えばそう思う　3. どちらとも言えない　4. あまりそう思わない　5. そうは思わない」の5肢から選択させた。それぞれの選択肢には，1～5の順に，100, 75, 50, 25, 0の各点を割り当てて集計を行った。

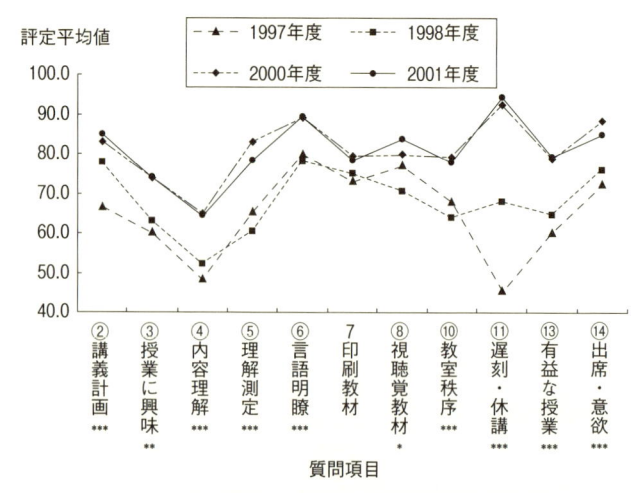

144 第10章　学生による授業評価と授業改善

図10-1　「教育方法学」1997-2001年度別質問項目得点平均値

注）図の横軸に記されている各質問項目の番号が丸で囲まれているうえに，項目名の後に*記号が1～3個付されているものは，統計的検定により5％あるいはそれ以下の水準で有意な差が検出されたことを示す（*：$p<.05$；**：$p<.01$；***：$p<.001$）。

　1998年度以前はOHCやビデオ機器を用いて教室の大型スクリーンやモニター画面に画像や映像を提示する方法を用いていたが，2000年度以降はコンピュータ教材提示システムと学内LANの利用に切り替えた。当時ではまだ新しかった教授手法の導入が学生たちに好意的に受け止められたようである。出席カードにも，スライドの文字が大きくはっきり映し出されるのでノートを取りやすい，スライドの内容がよくまとまっていてわかりやすいなどのコメントが書かれていた。

　さらに，2000年度以降は本格的にコンピュータ実習を取り入れ，修了課題として教材・資料プリントの作成を課したことも，学生の授業への関心を高めたり学習意欲を引き出したりすることに効果があったと思われる。出席カードに，（実習前は）早く実習をやりたい，（実習中は）講義と違って楽しくてやりがいがある，時間があっという間に過ぎてしまったなど，実習を歓迎するコメントがよく書かれていた。

　このように教材提示方法の改善やコンピュータ実習の導入により，視聴覚教材利用が適切であった，授業内容に興味をもった，授業内容が理解できた，授

業へ意欲的に出席した，有益な授業であった，といった評価が高まったのではないだろうか。

2）授業改善に臨む教員自身の意識改革

　第2の原因は，筆者自身が毎年授業評価結果を検討し，次年度で試みた授業改善策が効果をもたらしたということであろう。最も気をつけたことは，教員が率先して遅刻しない・学生には遅刻させない姿勢を示したことである。毎時間遅くともチャイムが鳴り終わる前には教室に入ってコンピュータのセッティングを始め，チャイムが鳴り終わったら出席カードや当日のプリント資料の配布を始めた。一通り配り終えたら，遅刻者のために余った資料を教室最前列の机の上においた。出席カードも一目で遅刻とわかる色カードに替えて置いた。すべて準備が終わったら授業開始。よい評価を得ようとして学生に迎合するのではなく，教員自ら教室環境改善に努める姿勢を顕示することにより，しだいに学生側の意識改革も促されて好ましい方向へ移行していくことを期待した。それでも学生の遅刻はなくならず，すべてが順調に推移したわけではなかったが，教員の遅刻に対する評価結果が著しく向上しているのを見るとその努力の片鱗は報われたようである。

　また，2000年度以降は，毎回出席カードを配って当日の授業内容について簡単なコメントを書かせ，次回の授業のはじめにその一部を紹介し講評を行った。これも，復習になる，自分とは異なる他人の意見がわかるなどと学生たちから好評を得た。筆者の見解を述べるだけでなく教室の学生たちからも意見を聴取したが，それらの発言内容についてさらに別のコメントが書かれるなど話題が発展した。この方法は学生の理解度を把握するのに役立った。そのためか，学生への理解測定に関する評価が向上した。この方法を毎回繰り返すと教員の負担が増えるし，講評に力が入りすぎて授業時間が足りなくなる（学生から苦情がでる）ときもあるが，現在でも履修者数が40〜50人程度で少ない時はなるべく行うようにしている。

　その他，教室の秩序維持についても評価が上昇した。授業中の私語には厳しく対処した。私語している学生たちを見つけるとその場で口頭注意を行った。彼らはたいていの場合友人同士で近接して座っているので，私語を厳重に注意

するともに互いに離れた座席に移動するよう指示した。このような着席指導も影響を及ぼしたのではないかと思う。私語対策の一環としての着席方式と授業改善の試みについては，次に詳しく紹介する。

3．3種類の着席方式と授業改善の試み

(1) 授業中の私語対策としての着席方式の改善
1)「完全自由席」方式から「指定席」方式へ

　大人数クラスの授業で教員が悩まされるのが授業中の私語である。どこでも好きな席に自由に座ってよいという「完全自由席」の時は，私語対策に腐心することが多かった。2004年度春学期（前期）は，軽微な私語も見逃さないという方針で，私語に厳しく対処していたが，注意の仕方を模索する時期でもあった。特に「完全自由席」では友人同士が隣り合った席に座るため，どうしても私語が起こりやすくなり，そのたびに教卓から大きな声を張り上げて静かにするよう注意しなければならなかった。一度おとなしくなっても，しばらくしてまた同じ仲間で私語を始めた場合は，その場所まで行って学籍番号と氏名を質したうえで，離れて座るよう席替えを命ずることもあった。厳しい対応を取った時は教室の空気も重苦しくなる。それは，授業評価アンケートの自由記述欄に書かれていた「私語に対して注意するのはよいが，もう少し注意の仕方を考えてほしい」「怒り方がものすごい。やる気をなくさせる」などのコメントに反映されている。私語による迷惑をわきまえないで何と身勝手な注文をすることかと思っても，教室環境の悪化は歴然としているので放置しておくことはできなかった。

　そこで，2004年度の秋学期から，私語対策の一環として，完全自由席の代わりに「指定席」方式を導入することにした。ここでの指定席方式とは，教員側が指定した決まった席に学期を通して座らせるという方法のことである。学生の健康上の理由などを考慮した上で，前後左右の席に同学年・同学科の学生が並ばない，左右の席は詰めずに１つ空ける，前後の席をまっすぐ一列に並べる，というルールのもとで座席表を作成した。このような指定席であれば，学生たちは周囲に友人がいないので授業に集中することができるだろうし，教員に

とっても教卓側から各学生の様子がよく見えて教室管理が容易になるのではないかと考えた。

　この筆者流の指定席方式を導入するに際して参考にしたのは，島田（2001）の実践である。彼は，私語対策として「名簿付き座席指定制」と呼ぶ着席方式を導入することによって，学生の受講態度の改善に成功したという。また，則長（2006）は，授業が始まる前に「サイレント・シート」と名づけた座席指定券（表が出席カードとなっているもの）を1人に1枚ずつ配り，各々の券に赤でマークされている席に座らせた。各自の座席が毎回異なるだけでなく，一緒に来室した友人同士も隣り合わせにならないように工夫されていたため，静かな教室環境が実現したという（ただし，毎回300人分ほどのサイレント・シートの作成と出席確認には大変な時間がかかったという）。はたして筆者の場合も同様な効果が得られるであろうか。さらに，その効果は授業評価結果にも反映されるであろうか。

　実際に指定席方式を始めてみると，教員側に困った問題が2つ生じた。1つ目の問題は，座席表の作成に時間がかかりすぎることである。健康上の理由がある学生に配慮するため，初回に座席位置の希望調査を実施した上で座席表を作成したが，履修者の確認に手間取って2回ほど改訂しなければならなかった。このため，最終的に確定したのは授業が始まってから3〜4週間後であった。2つ目は，遅刻者への対応で授業に支障を来したことである。遅刻した学生の席が横長の机の中ほどにある場合，通路側の学生に一度立ってもらわなければ座れないから，ガタガタと物音やささやき声を立てる。その都度，授業を中断して，遅刻の理由を質したり空いた席へ座るよう指示したりする必要が生じた。このように他人への迷惑を回避するために遅刻が躊躇されるような教室環境を整備してもなお，遅刻者はなくならなかった。

　他方，学生側にもいろいろと不都合が生じたようである。教室は静かになったものの周囲に友人がいないので，かえって居心地が悪くなったというのであろうか。実際に，授業評価アンケートの自由記述欄に「指定席というのがあまりよくなかった」という率直なコメントが書かれていた。このような問題点は，授業評価結果が「完全自由席」の時よりも低下したことからも推察できた。

2) 「指定席」方式から「条件付き自由席」へ

　2004年度の秋学期から2005年度春学期までの1年間，この指定席方式を続けてみたが，上述の問題点は解消されなかった。そこで，2005年度秋学期にはこれを廃止し，新たに「条件付き自由席」と名づけた方式を採用することにした。この「条件付き自由席」方式とは，どこでも好きな席に自由に座ってかまわないが，必ず左右の席を1つ以上空けて詰めずに座るという条件の付いた着席方式のことである。この方式なら，①事前に座席表を作成する必要がないため教員の負担が軽くなる，②学生たちは自分の好きな席が選べるし友人同士で近い席に着くことができるので，リラックスして授業が受けられる，③隣の学生との間に空席が1つ以上あるため私語がしにくくなる，④遅刻したときも空いた席に静かに座ればよいから周囲への迷惑が軽減される，などの改善効果が期待できると考えたのである。しかし，この条件をクラス全体に周知徹底させるまで，学期のはじめに履修上の約束事項として宣言するだけでなく，しばらくの間は授業のたびにアナウンスする必要があった。

(2) 着席方式の違いによる効果
1) 3つの着席方式よる授業評価結果の違い

　次に，「完全自由席」「指定席」「条件付き自由席」の3つの着席方式について，授業評価結果を比較検討してみよう。まず，2004年度春学期の「完全自由席」方式と2006年度春学期の「条件付き自由席」方式との間で比べてみると，意外なことに両者の授業評価結果にはほとんど差が見られなかった。「完全自由席」方式といっても，2004年度春学期は私語に対して徹底的な指導を行っていたので，両者の条件差が適切に統制されていなかったことが考えられる。また，学生たちも，どちらの着席方式でも友人同士が近い席に座れるから，両方式の違いをあまり認識していなかったのかもしれない。他方，教員の立場から考えると，「条件付き自由席」のほうが授業運営上の負担がかなり軽くなるので都合がよいということになるだろう。

　その一方で，「条件付き自由席」方式と「指定席」方式を比較してみると，「条件付き自由席」方式となった2005年度秋および2006年度春の両学期のほうが，「指定席」方式であった2004年度秋と2005年度春の両学期よりも授業評価結果

3．3種類の着席方式と授業改善の試み

表10-2　「学生による授業評価」アンケート（2002-2007年度）質問項目

質　問　項　目（原文）	質問項目（省略形）	回答選択肢	配点
■B：あなた自身のこの授業に対する取り組みについておたずねします。			
問3　あなたの，この授業についての出席状況はどうでしたか。	3．出席	①90％以上出席 ②60～89％程度出席 ③40～59％程度出席 ④10～39％程度出席 ⑤10％未満の出席	100 75 50 25 0
問4　あなたは，この授業に，予習・復習等をしたり，指定された教材を持参するなど，よく準備して臨みましたか。	4．授業準備		
問5　あなたは，この授業に意欲的に取り組みましたか。	5．意欲的態度		
問6　あなたは，授業を妨げるような行為（私語・携帯電話等）を慎むよう心がけて受講しましたか。	6．授業妨害		
問7　あなたは，この授業に興味や関心をもって受講しましたか。	7．興味・関心		
■C：授業担当者および授業についておたずねします。			
問8　授業担当者の説明は，わかりやすかったですか。	8．わかりやすい説明		
問9　授業担当者の言葉は，明瞭で聞き取りやすかったですか。	9．言語明瞭		
問10　授業担当者は，私語に対して注意するなど，勉強する雰囲気を保つよう努力していましたか。	10．私語・授業雰囲気	①そう思う ②どちらかと言えばそう思う ③どちらとも言えない ④あまりそう思わない ⑤そうは思わない	100 75 50 25 0
問11　授業担当者は，遅刻が少なく，授業時間を有効に活用しようと努力していましたか。	11．遅刻・時間の活用		
問12　授業担当者は，学生の理解度を測ることに努力していましたか。	12．理解度測定		
問13　授業は，シラバス（教務課が年度始めに配布する講義計画）に沿って行われましたか。	13．シラバスに準拠		
問14　プレゼンテーション（板書・OHP・プレゼンテーションソフト）において，文字や提示されたものは見やすかったですか。	14．プレゼンテーション		
問15　教材（教科書・配布資料）の量や内容（レベル）は，適切でしたか。	15．教材の量・レベル		
問16　授業内容は，あなたの知的関心を呼び起こしましたか。	16．知的関心度		
問17　この授業を受講して，満足していますか。	17．満足度		

評価平均値

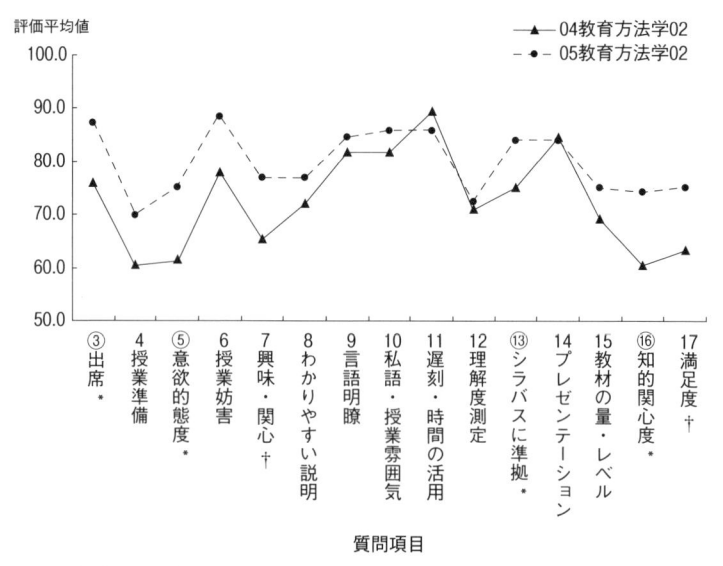

```
100.0
 90.0
 80.0
 70.0
 60.0
 50.0
```

──▲── 04教育方法学02
──●── 05教育方法学02

③出席＊　4授業準備　⑤意欲的態度＊　6授業妨害　7興味・関心†　8わかりやすい説明　9言語明瞭　10私語・授業雰囲気　11遅刻・時間の活用　12理解度測定　⑬シラバスに準拠＊　14プレゼンテーション　15教材の量・レベル　⑯知的関心度＊　17満足度†

質問項目

図10-2　「教育方法学」における2004年度秋学期と2005年度秋学期の質問項目別評価平均値

注）図の横軸に記されている各質問項目の番号が丸で囲まれているうえに項目名の後に*印が1個付加されているものは，統計的検定により5％水準で有意な差が検出されたことを示す（* : $p<.05$）。また，5％水準では有意でなかったが10％水準で有意差傾向が認められたものには†印が付されている（† $p<.10$）。

が良好であった。すなわち，「条件付き自由席」方式のほうが「指定席」方式よりも高い効果が期待できることが示唆された。なお，各質問項目の内容と評価結果については，表10-2と図10-2を参照されたい。

2)「条件付き自由席」方式の効果

　この「条件付き自由席」方式の効果を追認するため，授業内容と方法がほぼ同一であると考えられる2005年度秋，2006年度秋，2007年度秋の3学期のクラス間で授業評価結果を比較検討したところ，3つのクラスには非常に高い類似性が見られた（図10-3）。したがって，3つの着席方式のうち「条件付き自由席」方式がより安定的な効果をもつことが統計的に検証されたといえよう。そのため，2005年度秋学期以降はこの「条件付き自由席」方式を継続して利用し，現在に至っている。

　この「条件付き自由席」方式の利点は，学生たちがそれぞれ好きな席に座っ

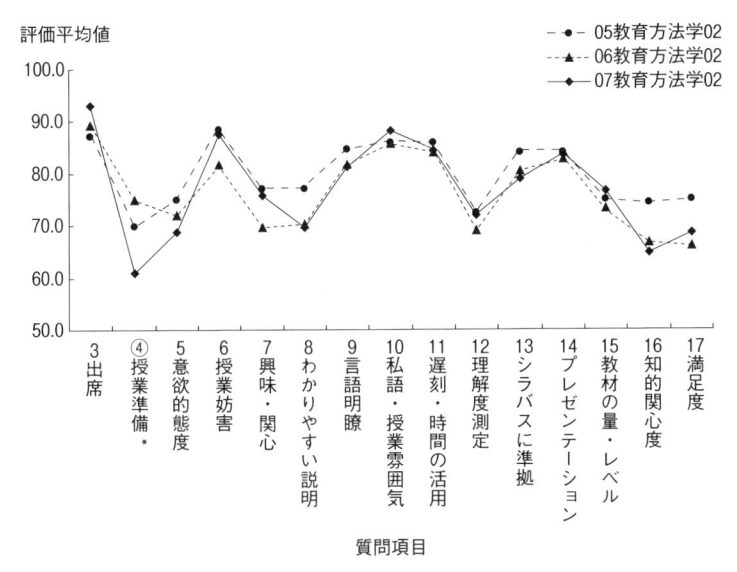

図10-3 「教育方法学」における2005-2007年度秋学期の質問項目別評価平均値

注）図の横軸に記されている各質問項目の番号が丸で囲まれているうえに項目名の後に*印が1個付加されているものは，統計的検定により5％水準で有意な差が検出されたことを示す（*：$p<.05$）。

てリラックスした状態で授業を受けながら，自然に私語を差し控えて授業に集中するようになる，ということである。一人ひとりを隔てている空席が私語の抑制要因となり，暗黙のうちに私語に対する自制心を芽生えさせるのではないだろうか。この方式は，教員がたびたび大声を張り上げて叱正しなくても，学生たちの自主性を尊重しつつほぼ静かな教室環境を保つことのできる，簡便かつ有効な着席方式ではないかと思う。

それでも残念なことに，時々は軽微な（と学生は記述しているが，教える側にとっては大変迷惑な）私語が起こる。そのようなときも，筆者は看過せずに丁寧に対処し，私語が増殖しないうちに早めに源泉を断つことにしている。これは，文部科学省（2005）が「ゼロ・トレランス（毅然とした対応）方式」として奨励している生徒指導体制にも通ずる，合理的な根拠のある対処法であると思う。アンケートの自由記述欄に，「確かにルールとして決めているのかもしれないが，細かいことの注意に時間をかけすぎでやる気をそがれた」という苦情が寄せられたことがある。しかし，その一方で，「とても静かで勉強しや

すかった」「これからもこのような授業を心がけてください」「先生の私語に対する態度や対策は他の先生も見習ってほしい」といった賛同者たちのコメントの方が多く，筆者は大いに勇気づけられた。この「条件付き自由席」方式を利用するためには履修者総数の2倍近くの座席数を確保しなければならないという制約があるが，今後もできる限りこの「条件付き自由席」方式を続けていきたいと考えている。

3）着席方式と成績との関係

ところで，着席方式と成績との関連性はあるのだろうか。2004年度春学期から2007年度秋学期までの各年度・学期における成績（論述得点）を比較検討したところ，2005年度春学期（「指定席」方式）と2005年度秋学期（「条件付き自由席」方式）の成績が他の年度・学期よりも統計的に有意に高いことがわかった。しかし，この結果は着席方式の違いによるというよりは，その他の未確認の要因（たとえば，たまたま2005年度の学生の資質や学習意欲が他の年度よりも優れていたかもしれないなど）による可能性が高いと考えられる。着席方式の違いによる成績への影響を明らかにすることはできなかった。

4．教職志向との関係

資格課程履修生を対象とした授業評価質問項目には独自の設問が含まれている。それらは，「問19この資格課程をどのような目的で履修していますか」（以下「履修目的」と記す）および「問20この資格課程で得る資格を必要とする職種に就きたいですか」（以下「教職志向」と記す）である。そこで，授業評価結果に高い類似性が見られた2005年度〜2007年度の3つの秋学期クラスを対象に，この2つの質問項目とその他の講義科目共通の質問項目（問3〜問17）との関連性について検討したところ（冷水，2010），次のような興味深い結果が得られた。

まず，回答者全体の5割を超える受講生たちが高い「教職志向」をもち，しかも教職に就くことを教職課程の「履修目的」の筆頭に置いていることがわかった。さらに，教職志向が高い場合は，授業に対し「興味・関心」をもって「意

欲的態度」で取り組み，授業への「満足度」も高くなることが統計的に明らかとなった。彼らが近年の教員採用者数の増加傾向を視野に入れながら，真剣に将来を見据えて教職課程に取り組んでいることの現れだといえよう。担当教員としても喜ばしい結果であった。

5．学生による授業評価の活用

(1) 学生による授業評価の役割

　一般に，このような授業評価アンケートを実施することによって，大きく3つの成果が期待されるであろう。第1は，教員が授業運営の一環としてPDCAサイクルを実践するための資料として，このアンケート結果が利用できるということである。その結果は，当該科目の教育目標を達成するために使用した授業方法が適切であったか否かを確認・点検するための資料として利用できる。さらに，それに基づいて次の授業改善策を考案し実施化へと発展させていくことができる。第2は，学生が授業評価を通じて自分自身の受講態度を振り返ることにより，教授・学習過程への参加者としての自覚が高まるのではないかということである。そして，第3は，教職履修生が学習者の立場から授業者の立場へ視点を転換し，客観的・批判的に授業を観察して評価するといった態度が育成されるということである。しかし，このような役割も，教員側から学生側へ授業運営に対する協力を強く要請しなければ大学の授業が成り立たなくなってきたという今日的問題を背景に，浮彫になったことかもしれない。

(2) 学生による授業評価と大学でのFD活動

　おわりに，授業評価アンケート調査を実施している各大学では，得られた結果をどのように活用しているのかを見てみたい。林・大塚（2008）によると，「関西地区FD連絡協議会」に参加している関西地区の大学・短大を対象に行われた「授業評価の現状」に関するアンケート調査の結果において，回答を寄せた大学（短大を含む）54校のうち，ほとんどの大学で全学的に授業評価を実施していた（全体の98％）が，調査結果の活用状況（結果の取り扱い）では，各教員の自主性に任せている割合が高かった（66％）という。しかも，十分に

活用されていない（6％）わけではないものの，組織的な授業改善に使っている割合は低かった（28％）とのことである。アンケートの自由記述欄には「FD委員の間では盛り上がっているがそうでない教員はわりと冷ややか」といった意見が寄せられていたそうである。

　筆者の大学においても同様な状況にあると思う。今後は，FD推進の一環として，組織的な授業改善のために授業評価調査をいかに有効活用していくべきか，大学全体で検討していく必要があるだろう。

■ 文　献

林　創・大塚雄作　2008　関西地区の大学教育における授業評価の現状　日本教育心理学会第50回総会発表論文集，p. 393.

文部科学省　2005　新・児童生徒の問題行動対策重点プログラム（中間まとめ）（平成17年9月22日）
http://www.mext.go.jp/b_menu/houdou/17/09/05092202.htm

則長　満　2006　大人数授業はどうすればうまく行くのか？―実践報告：「私語」追放への試み―　追手門大学教育研究所（編）　大人数授業をどう改革するか　アスカ文化出版．pp. 41-64.

島田博司　2001　大学授業の生態誌―「要領よく」生きようとする学生　玉川大学出版部．pp. 167-218.

冷水啓子　2001　学生による授業評価―マルチメディア教材利用，授業内容，授業形態，履修者数が及ぼす効果―　桃山学院大学人間科学，第22号，pp. 141-168.

冷水啓子　2003a　学生による授業評価（Ⅱ）―1997〜2001年度間の評価結果の変容―　桃山学院大学人間科学，第24号，pp. 169-195.

冷水啓子　2003b　学生による授業評価（Ⅲ）―科目分類，学年，出席状況による結果の相違―　桃山学院大学社会学論集，第36巻第2号，pp. 125-152.

冷水啓子　2005　学生による授業評価（Ⅳ）―授業の「満足度」からわかること―　桃山学院大学社会学論集，第38巻第2号，pp. 77-102.

冷水啓子　2006　学生による授業評価と授業改善の試み　日本教育心理学会第48回総会発表論文集，p. 141.

冷水啓子　2009　学生による授業評価（Ⅴ）―着席方式と授業改善の試み―　桃山学院大学人間科学，第36号，pp. 431-453.

冷水啓子　2010　学生による授業評価（Ⅵ）―教職志向要因との関係―　桃山学院大学人間科学，第38号，pp. 129-144.

事項索引

あ

生きる意味　79
生きる力　78
一斉授業　21
1分間スピーチ　70
1枚ポートフォリオ　7
意図過剰　79
意味
　——器官　89
　——を感受する器官　89
　教える——　97
　人生の——についての問いの観点のコペルニクス的転回　88
　勉強する——　97
　学ぶ——　97
Eメール　127
インターネット　54
インターンシップ　108
FD（Faculty Development）活動　139
大人数授業　18

か

概念地図（コンセプト・マップ）　9
学習
　——観　94
　——指導案　40
　——指導の戦略（strategy）　43
　——指導要領　95
　——指導を行うための戦術（tactics）　43
学生参加型の授業　26
学生による授業評価　139
学内LAN　142
課題解決ベース　32
学級全員で朗詠　71
感想カード　129
官僚的統制　75
旧制高等学校　125
旧制大学　125
旧版地形図　52, 54
教育
　——課程　95
　——論　112
　——観　94
　——実習　49, 55, 108
　——職員免許法　93
　——的タクト　89
　——の道徳　78
　——方法学　139
　——方法論　112
教科
　——観　94
　——書　116
　　——を教える　94
　——に関する科目　49
　——の論理　13
教材観　103
教材としての学習指導案　40
教職志向　152
競争　123
協調学習　32
郷土　68
協同学習　121
教養　76
グループ活動　125
グループワーク　113, 121
ゲーム化　73
現地調査　55

「現場」至上主義　75
高校公民科　48, 49
高校地歴科　48, 49, 51
公民的分野　51
校友会活動　125
固定的イメージ　111
ことばのもつおもしろさ　64
細案　100
コミュニケーション　97
　　――・カード　21
コンピュータ学習　140
コンピュータ教材提示システム　140

さ

作者　66, 68
作品　66, 68
参加型学習　126
サンゴの海の生きものたち　116
ジグソー学習　121
私語　99
　　――対策　146
　　授業中の――　146
自己開示　100
自己紹介　98
自作新聞　58
時代　66, 70
自治的活動　125
実践
　　――的指導力　75, 93, 106
　　――的力量　111
　　――力　31
実存的空虚　88
実例（モデル）　90
指導上の問題点　62
指導力不足教員　132
シナリオ型指導案　100
社会科教育法　48, 50, 54, 59
集中力　73
授業
　　――内試験　37

――の HOW　95
――の WHY　94
――の目的　104
――評価　24
出席票　22
生涯学習の時代　76
商業主義　76
「情報」の定義　33
初年次教育　20
思慮深さ　89
新学習指導要領　47, 61
診断的評価　2, 3
新聞記事　58
スクールインターンシップ・ボランティア　127
成果主義　76
生活の論理　13
生徒観　41
ゼロ・トレランス　151
総合演習　135, 136
総合的な学習の時間　129
相互主観的　86, 87
創造性　75
総花主義　78

た

態度　13
他者評価　141
魂への配慮　89
短歌　62
単元観　103
単元計画　57
地域調査　51, 52, 54, 55
地形図　52
着席方式　146
中学年　62
中学校学習指導要領　47
中学校社会科　48, 49
著名な作品を使う　72
地理的分野　51

地理履修状況　50
つまずきを活かした授業づくり　10
ディベート　21, 26
統計資料　52
同行人　90
土地利用　54

な

仲間づくり　73
20人一首　73
日常的な取り組み　70
ノンバーバルコミュニケーション　97

は

俳句　62
発表評価票　55, 57
発問　24, 101
板書　96
ピア・レビュー　134
PDCAサイクル　140
ひとりみがき―わけあい・みがきあい―ひとりみがき　4
批判的検討　116
百人一首　73
評価シート　43
フランクル　88
ブレイン・ストーミング　2
勉強する理由　97
方法主義　77
ポスター発表　129
ポストイット新聞　9

ボトムアップ　32
ボランティア活動　108

ま

万葉集　71
身近な地域の調査　48, 51, 57
密案　100
村を育てる学力　12
目覚めと創造　76
メッセージ　103
面接講座　127
模擬授業　49
目的合理性　76

や・ら・わ

野外調査　52
ゆとり教育　47
ユニヴァーサル（universal，万人）化　19
読み取りを俳句でまとめる　72
リテラシー　17
リメディアル（remedial，補習）教育　19
理論―実践関係　76
歴史的分野　50–52
レディネス（readiness）　41
レポートの書き方　19
ロールプレイ　96
論作文対策　127
ワークショップ　113
私たちと現代社会　48, 57

人名索引

あ
浅野　誠　98
池田晶子　82
石桁正士　37
井田仁康　52
糸賀一雄　9
犬養　孝　71
井上征造　51
井ノ口淳三　18, 21, 27, 126
ヴァンマーネン（Van Manen, M.）　77
上田紀行　82
大塚雄作　22, 153

か
川地亜弥子　4
絹川正吉　20
木下広次　125
キューバン（Cuban, L.）　21, 22
コメニウス（Comenius, J. A.）　21, 22

さ
斎藤　孝　138
斎藤喜博　9
佐藤　学　121
島田博司　147
冷水啓子　140, 141, 152
杉江修治　22
杉山幸丸　21
ソクラテス（Sokrates）　24, 89

た
田尻悟郎　122
辰己　勝　50, 53
田中耕治　9
東井義雄　4, 9-13

な
中嶋洋一　121
新美南吉　72
西川　純　121
則長　満　147

は
ハイデッガー（Heidegger, M.）　89
林　創　153
プラトン（Plato）　89
フランクル（Frankl, V. E.）　88, 91
星村平和　51
堀　哲夫　7

ま
本川達雄　116
森　毅　32, 33

や
山口和宏　138
山田邦男　82

わ
和田修二　78

【著者紹介】（執筆順）

川地亜弥子（かわじ・あやこ）
現　　　職：大阪電気通信大学人間科学研究センター准教授
最終学歴：京都大学大学院教育学研究科博士後期課程修了（2007年）　教育学博士
主　　　著：『言語の力を育てる教育方法』（共著）図書文化，2009年
　　　　　　『時代を拓いた教師たち2』（共著）日本標準，2009年
　　　　　　『学力を育てる教育学』（共著）八千代出版，2008年
担　　　当：第1章

井ノ口淳三（いのくち・じゅんぞう）
現　　　職：追手門学院大学心理学部教授
最終学歴：京都大学大学院教育学研究科博士課程修了（1976年）　博士（教育学）
主　　　著：『命の教育、心の教育は何をめざすか』晃洋書房，2005年
　　　　　　『コメニウス教育学の研究』ミネルヴァ書房，1998年
　　　　　　『応答する教育哲学』（共著）ナカニシヤ出版，2003年
担　　　当：第2章

森石峰一（もりいし・みねかず）
現　　　職：大阪電気通信大学人間科学研究センター准教授
最終学歴：大阪電気通信大学大学院工学研究科情報工学専攻修士課程修了（2001年）
主　　　著：『森石流　たとえでわかる最新ネットワーク用語集』日本文教出版，2002年
　　　　　　『Macintosh Pascal』誠文堂新光社，1985年
　　　　　　『新・教育の方法と技術』（共著）教育出版，1997年
担　　　当：第3章

辰己　勝（たつみ・まさる）
現　　　職：近畿大学教職教育部教授
最終学歴：立命館大学大学院文学研究科地理専攻修士課程修了（1976年）
主　　　著：『近畿を知る旅』（共著）ナカニシヤ出版，2010年
　　　　　　『シネマ世界めぐり』（共著）ナカニシヤ出版，2009年
　　　　　　『地形と人間』（共著）古今書院，2005年
担　　　当：第4章

坂口　豊（さかぐち・ゆたか）
現　　　職：四天王寺大学非常勤講師
最終学歴：兵庫教育大学大学院教科領域コース国語専攻修士課程修了
主　　　著：「短作文指導の年間指導計画」『実践国語研究』1982年
　　　　　　『教育活性化をめざす意欲づくり・人間づくり』黎明書房，1982年
担　　　当：第5章

岡本哲雄（おかもと・てつお）
現　　職：近畿大学教職教育部教授
最終学歴：京都大学大学院教育学研究科博士後期課程満期退学（1994年）
主　　著：『応答する教育哲学』（共著）ナカニシヤ出版，2003年
　　　　　『フランクルを学ぶ人のために』（共著）世界思想社，2002年
　　　　　『教育的日常の再構築』（共著）玉川大学出版部，1996年
担　　当：第6章

杉浦　健（すぎうら・たけし）
現　　職：近畿大学教職教育部准教授
最終学歴：京都大学教育学研究科博士後期課程修了　教育学博士
主　　著：『スポーツ心理学者が教える　働く意味の見つけ方』近代セールス社，2009年
　　　　　『スポーツ選手よ強くなるには「哲学」を持て！　―折れないこころをつくるメンタルトレーニング』山海堂，2005年
　　　　　『おいしい授業の作り方』ナカニシヤ出版，2005年
担　　当：第7章

渡辺貴裕（わたなべ・たかひろ）
現　　職：帝塚山大学現代生活学部准教授
最終学歴：京都大学大学院教育学研究科研究指導認定退学（2005年）
主　　著：「授業で活かす　演劇的活動のチカラ　①～⑧」『演劇と教育』第611-618号，2009年
　　　　　『時代を拓いた教師たち2』（共著）日本標準，2009年
　　　　　『時代を拓いた教師たち』（共著）日本標準，2005年
担　　当：第8章

冨岡　勝（とみおか・まさる）
現　　職：近畿大学教職教育部准教授
最終学歴：京都大学大学院教育学研究科修士認定退学（1995年）
主　　著：「第一高等中学校寄宿舎自治制導入過程の再検討（その一）―木下広次赴任以前」『1880年代教育史研究年報』第1号，85-105頁，2009年
　　　　　『教員採用試験のための論作文』（共著）大阪教育図書，2009年
　　　　　『戦後公教育の成立―京都における中等教育』（共著）世織書房，2005年
担　　当：第9章

冷水啓子（しみず・けいこ）
現　　職：桃山学院大学社会学部教授
最終学歴：東京大学大学院教育学研究科博士課程単位修得満期退学（1983年）
主　　著：『図説　生活科選書1　生活科授業の考え方・進め方―その基礎と技法』（共

著）ぎょうせい，1992年
　　『シリーズ教育の間11　学校と塾や地域との間——子どもはどこで学ぶか』（共
　　　著）ぎょうせい，1990年
　　「日本手話の動作成分に内在する意味について」（共著）『教育心理学研究』
　　　第46巻第3号，1998年
担　　当：第10章

教師を育てる
大学教職課程の授業研究

2010年6月20日　初版第1刷発行　　定価はカヴァーに表示してあります

編　者　阪神地区私立大学教職課程研究連絡協議会 ©
発行者　中　西　健　夫

発行所　株式会社　ナカニシヤ出版
〒606-8161　京都市左京区一乗寺木ノ本町15番地
Telephone 075-723-0111
Facsimile 075-723-0095
Website http://www.nakanishiya.co.jp/
Email iihon-ippai@nakanishiya.co.jp
郵便振替 01030-0-13128

装幀／白沢　正
印刷・製本／西濃印刷㈱

＊落丁本・乱丁本はお取り替え致します。
ISBN978-4-7795-0472-3　Printed in Japan.